TRAITÉ

DU

MOUVEMENT DE TRANSLATION

DES

LOCOMOTIVES.

PARIS. — IMPRIMERIE DE FAIN ET THUNOT,
Rue Racine, 28, près de l'Odéon.

TRAITÉ

DU

MOUVEMENT DE TRANSLATION

DES

LOCOMOTIVES

ET

RECHERCHES SUR LE FROTTEMENT DE ROULEMENT.

PAR M. FEVRE,

INSPECTEUR GÉNÉRAL DES PONTS ET CHAUSSÉES,
COMMANDEUR DE L'ORDRE ROYAL DE LA LÉGION D'HONNEUR.

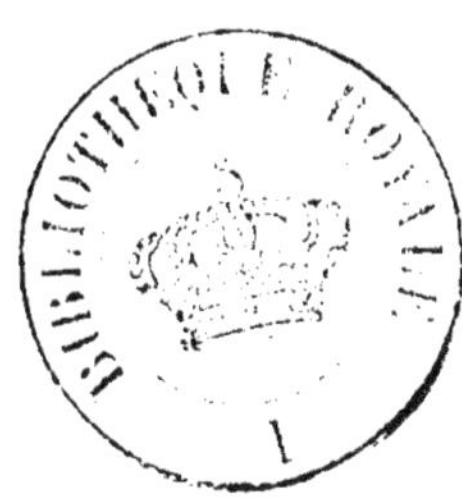

PARIS.

CARILIAN-GOEURY ET V^{OR} DALMONT, ÉDITEURS,
LIBRAIRES DES CORPS ROYAUX DES PONTS ET CHAUSSÉES ET DES MINES,
Quai des Augustins, nos 39 et 41.

1844

AVERTISSEMENT.

Je me suis proposé de trouver un moyen très-simple de calculer le temps qu'une Locomotive met à parcourir un Chemin de fer. Le soin que j'ai mis à démontrer, avec clarté, les propositions qui servent à établir les formules algébriques qui donnent ce moyen, me permet de croire que je présente, sur le frottement de roulement et sur le mouvement de translation des locomotives, un traité aussi complet qu'on peut le désirer, d'après les expériences qui ont été faites jusqu'à ce jour.

On remarquera, sans doute, que l'une des parties a plus d'étendue que l'autre. C'est que je suppose qu'on aura entre les mains le *Traité théorique et pratique* de M. de Pambour, lorsqu'on lira la seconde. Pour diminuer, autant que possible, la première, j'expose seulement les principaux résultats de mes expériences sur le frottement de roulement des roues cylindriques et des roues coniques. J'ai d'ailleurs retranché tous les détails relatifs à l'histoire de la théorie mathématique des locomotives, et à celle des recherches sur le frottement de roulement.

La table des matières indique plus particulièrement les questions et les propositions que j'ai considérées. J'ai dessiné les figures sur des échelles assez grandes pour qu'on puisse en saisir aisément les formes, et en mesurer les dimensions avec exactitude. Je reviendrai, dans une autre occasion, sur les expériences faites en petit : toutefois, je dois déclarer aujourd'hui, que c'est rendre un grand service à la science des machines, que de montrer aux Ingénieurs mécaniciens qu'ils peuvent faire, comme les Chimistes, un grand nombre d'expériences utiles, dans un laboratoire.

Paris, le 28 octobre 1843.

TABLE DES MATIÈRES.

Pages.

AVERTISSEMENT. v

CHAPITRE Ier.

ÉQUATIONS GÉNÉRALES DU MOUVEMENT D'UNE LOCOMOTIVE.

§ 1. Notions préliminaires.

Définitions, dénominations. 1

§ 2. Équations générales.

Mouvement de translation de la locomotive. 4

Mouvement de rotation des roues.

CHAPITRE II.

DU FROTTEMENT DES BANDES ET DES ESSIEUX DES ROUES.

1. Répartition de la charge sur les essieux.

Voitures à quatre roues. Locomotives. 6

Table rigide portée sur trois points d'appui.

Pages.

Règle rigide portée sur trois points d'appui. 7

Expériences. Pression sur chacun des trois points d'appui.

Applications des formules aux locomotives à 4 et à 6 roues. 11

§ 2. Frottement des bandes et des essieux.

Pression de la voiture et de la charge sur les essieux. . . . 13

Pression des roues sur la route ou sur les rails.

La voiture est à 4 roues. La voiture est à 2 roues.

L'essieu tourne avec les roues; les points d'appui sont sur les collets de l'essieu, en dedans ou en dehors des roues.

L'essieu ne tourne pas; les points d'appui sont sur les moyeux des roues.

§ 3. Mouvement d'un cylindre sur un plan.

Équations générales. 21

Le cylindre tourne sans glisser. 24

Le cylindre descend un plan incliné suivi d'un plan horizontal. 26

Une roue cylindrique se meut sur un plan horizontal en vertu de deux vitesses initiales, l'une de translation, l'autre de rotation. 27

Mouvement d'un cylindre qui roule successivement sur deux plans d'inclinaisons différentes. 29

§ 4. Mouvement d'un cylindre sur une surface cylindrique horizontale et concave. 31

Du cas où la section transversale de la surface cylindrique est une parabole dont le diamètre est vertical. 32

§ 5. Mouvement d'un cylindre et mouvement d'un waggon sur des plans inclinés en ayant égard à la résistance de l'air. 38

§ 6. Frottement de glissement. . . . .

Propriétés générales déduites d'un grand nombre d'expériences. 43

§ 7. Frottement de roulement.

Résultats généraux de l'expérience. . . . . ib.

Pages

Recherches théoriques des lois du frottement de roulement. . 44

Les corps conservent la trace du passage de la roue. . . . *ib.*

Loi de Coulomb. 46

Loi de M. Dupuit. 48

Les deux résultats théoriques se déduisent l'un de l'autre. 51

§ 8. Expériences sur le frottement de roulement.

Effets de la pression des roues sur plusieurs corps. 52

Nouvelles hypothèses sur le frottement de roulement. . . 57

Le corps ne conserve aucune trace du passage de la roue.

Le corps est sans élasticité.

Des cas où l'on ne peut négliger le carré de la profondeur d'impression. 60

De l'influence du diamètre des roues sur le tirage. 61

De la charge des voitures de roulage. 62

Les résultats de l'expérience confirment ceux de la théorie. . 63

Les oscillations sont isochrones. 65

Les amplitudes des oscillations successives forment les termes d'une progression arithmétique décroissante. . . 66

Description et construction des oscillations successives. . 67

§ 9. Applications des formules aux données de l'expérience.

Coefficient du frottement de glissement. 70

Valeur de la quantité ff (R) du frottement de roulement. . 72

Application de la formule $ff(R) = \frac{h}{b + x_2}$. 73

Application des formules relatives aux oscillations sur des surfaces cylindriques. 76

Application de la formule de l'article 49. 82

§ 10. Recherche de la forme de la fonction (R).

Construction de la courbe $y = 4ff(R)$. 83

Construction des courbes $y = z \frac{R}{R'}$, etc. 84

Calcul du coefficient ff du frottement de roulement. . . . 86

Pages.

§ 11. Des roues coniques.

Tronc de cône roulant sur un plan horizontal, roulant et oscillant sur un plan incliné 87

Voiture à quatre roues coniques. Voiture à deux roues coniques. 90

Voitures à roues coniques dont le sommet est tourné du même côté 93

Dimensions des roues des waggons. Profil des jantes . . . 99

CHAPITRE III.

DE LA RÉSISTANCE DE L'AIR 102

CHAPITRE IV.

DE LA RÉSISTANCE QUE LES LOCOMOTIVES ONT A SURMONTER.

§ 1. De la résistance des voitures en mouvement 105

§ 2. De la résistance de la locomotive 106

CHAPITRE V.

DE LA FORCE MOTRICE DES LOCOMOTIVES.

§ 1. De la vapeur dans la chaudière 108

§ 2. Du mouvement des pistons 110

§ 3. De la quantité de vapeur dépensée par les cylindres 113

§ 4. De l'expression de la force motrice 115

CHAPITRE VI.

DU MOUVEMENT UNIFORME DES LOCOMOTIVES.

§ 1. Équation de condition du mouvement uniforme 117

§ 2. De la vitesse de translation des locomotives 118

Formule pratique de M. Pambour 119

Du nombre d'heures employées à parcourir un kilomètre . . 122

CHAPITRE VII.

DE LA VITESSE DES LOCOMOTIVES SUR UN CHEMIN DE FER.

Pages.

Formule générale. 123

De la résistance additionnelle dans les courbes. 124

Longueur d'un chemin de fer horizontal et rectiligne équivalent à un chemin de fer donné. 126

CHAPITRE VIII.

DE L'EFFET UTILE DES LOCOMOTIVES ET DE LA MESURE PAR L'EFFET D'UN CHEVAL.

§ 1. De l'effet utile des locomotives. 127

§ 2. Du nombre de chevaux dont la force équivaut à celle d'une locomotive. . . . . *ib.*

De la consommation du coke et de l'eau. 129

CHAPITRE IX.

APPLICATION DES FORMULES.

§ 1. De la vitesse des convois de voyageurs. 130

§ 2. Application des formules à une locomotive. . . . . . *ib.*

§ 3. Du cas où les trains descendent une pente par le seul effet de la pesanteur. 136

§ 4. De l'effet utile de la locomotive. 137

§ 5. Application des formules au parcours des convois sur les chemins de fer. 138

§ 6. Recherche du coefficient de la résistance sur les courbes. . *ib*

§ 7. Application des formules aux projets de chemin de fer de Paris à Dijon.

Description générale de deux tracés. 139

A. Calcul de la durée du parcours sur le tracé par l'Yonne et l'Armançon.

Pages.

Profil en long. Courbes. Détails du calcul. 140

B. Calcul de la durée du parcours sur le tracé par la basse et la haute Seine.

Profil en long. Courbes. Détails du calcul. 143

§ 8. Des effets des rampes fortes sur les parcours partiels. . . 147

FIN DE LA TABLE DES MATIÈRES.

TRAITÉ

DU

MOUVEMENT DES LOCOMOTIVES

ET

RECHERCHES SUR LE FROTTEMENT DE ROULEMENT.

CHAPITRE PREMIER.

ÉQUATIONS GÉNÉRALES DU MOUVEMENT D'UNE LOCOMOTIVE.

§ 1. *Notions préliminaires.*

1. Les machines locomotives sont montées sur deux ou trois essieux ; leurs roues sont indépendantes ou réunies entre elles par des bielles qui les font tourner ensemble. Deux de ces roues sont mises immédiatement en mouvement par les pistons des cylindres, au moyen des bielles attachées d'une part aux tiges des pistons et de l'autre aux manivelles de l'essieu ; on les nomme roues motrices, ou l'on dit qu'elles sont commandées par la vapeur. Les autres roues des locomotives sont plus petites ou de même diamètre que les roues motrices. Les locomotives roulent dans le sens déterminé par leur construction, et ce n'est qu'en reculant qu'elles vont en sens contraire.

2. Les voitures en usage sur les chemins de fer sont des wagons de différentes formes pour le transport des voyageurs et des marchandises, des fourgons ou tenders sur lesquels on met les approvisionnements d'eau et de charbon des locomotives

Les wagons et les fourgons ont quatre ou six roues de diamètres égaux. Les wagons sont construits de manière qu'on peut les faire rouler indifféremment dans les deux sens.

3. Les roues des locomotives et des wagons sont ordinairement fixées aux essieux, et les boîtes ou coussinets des essieux sont attachés aux châssis, de sorte que chaque essieu et ses deux roues tournent en même temps, que les essieux restent toujours perpendiculaires à la longueur des châssis, et que les roues tournent constamment dans des plans verticaux parallèles à cette même longueur ou à l'axe des voitures

4. Les roues ont, sur le côté intérieur de leur jante, un rebord qui sert à les maintenir sur les rails. La saillie du rebord est déterminée de manière à obtenir une garantie suffisante, eu égard aux rayons des roues, au rayon minimum des courbes du chemin et à la vitesse des transports.

Les roues ont un peu de jeu dans la voie, c'est-à-dire que dans leur position régulière, il y a une certaine distance entre les rebords et les rails.

Pour que les rebords soient moins exposés à frotter sur le côté des rails, on donne au profil de la jante une légère inclinaison du dedans au dehors, de sorte que la surface de la bande est un peu conique. Si, par exemple, la voiture est poussée sur la gauche, l'une des roues ou les deux roues de ce côté portant sur la partie qui a le plus grand rayon tendent à avancer un peu plus que les deux autres, et conservent la voiture au milieu de la voie.

On fait aussi des roues à bandes cylindriques.

5. Nous supposerons que les roues et leurs essieux, la voiture et son chargement sont représentés par leurs projections sur un plan perpendiculaire aux axes des essieux, et par conséquent sur un plan vertical parallèle aux rails.

6. Nous emploierons constamment les dénominations sui-

vantes, pour une voiture quelconque (*fig.* 1, 2, 3, 4, et 5), qui roule de gauche à droite.

P le poids de la voiture et de son chargement; x et y ses coordonnées rectangles OE, EG du centre de gravité de P, le plan OA sur lequel la voiture est posée étant pris pour l'axe des abscisses x et le point O pour l'origine; Q le poids des roues du premier train d'une voiture à quatre roues, à compter de l'origine O; Q' le poids du second train. Les quantités Q et Q' comprennent les poids des essieux, lorsque les roues sont fixées aux essieux et les font tourner; c'est au contraire P qui comprend le poids des essieux lorsque les roues sont libres et tournent sur les fusées des essieux.

R le rayon des premières roues, R' celui des secondes; r et r' les rayons des coussinets lorsque les essieux tournent, ou celui des fusées lorsque les essieux sont fixes.

A le poids de la voiture et de ses roues, ou

$$A = P + Q + Q';$$

dans le cas d'une voiture à quatre roues égales $A = P + 2Q$, et dans celui d'une locomotive à six roues $A = P + Q + 2Q'$.

7. Lorsque nous aurons à considérer à la fois la locomotive et les voitures qu'elle remorque, nous nommerons A le poids du convoi, et nous indiquerons le poids de la locomotive par A_1, celui du fourgon par A_2, et celui des wagons par A_3; ce qui donnera

$$A = A_1 + A_2 + A_3.$$

Les lettres P, Q, Q' seront affectées des indices inférieures $_1$, $_2$, $_3$, suivant qu'elles serviront à dénommer les parties de l'une des trois espèces de voitures.

8. Nous indiquerons par g la gravité, par 2π la circonférence du cercle dont le rayon est l'unité.

§ 2. *Équations générales.*

9. Concevons qu'une locomotive soit en mouvement sur un railway rectiligne et incliné à l'horizon, et nommons u sa vitesse de translation, ou l'epace qu'elle parcourt pendant une seconde. L'abscisse x sera l'espace parcouru pendant le temps t, l'ordonnée y sera constante.

Soient G la force motrice que la vapeur imprime parallèlement aux rails, αu^2 la résistance de l'air, Φ la somme des forces indépendantes de la vitesse, parallèles au plan incliné ou ramenées aux points de contact des roues et des rails. Le mouvement de translation a lieu comme si toutes les forces étaient appliquées au centre de gravité de la locomotive; on aura donc

$$\frac{A}{g}\frac{d^2x}{dt^2}=G-\Phi-\alpha u^2.$$

La locomotive ne peut éprouver aucun mouvement de rotation autour de son centre de gravité; mais ses roues tournent et l'on peut exprimer séparément les circonstances de leur mouvement de rotation.

Lorsque la locomotive est montée sur quatre roues, on a le cas des figures 1 et 2. Lorsqu'elle est montée sur six roues, les roues commandées par la vapeur sont au milieu, les deux de devant portent une grande partie du poids de la machine, celles de derrière sont les moins chargées. Nous considérons particulièrement les roues motrices et les roues de devant.

Soient $S\rho^2Dm$, ou $\frac{M}{g}$ le moment d'inertie des roues et de l'essieu dont le poids est Q, b la longueur de la manivelle; $bG_1-R\Psi$ le moment des forces et des résistances par rapport au centre de rotation; j l'arc de la circonférence 2π décrit pendant le temps t. On aura pour le mouvement de rotation des roues motrices

$$\frac{M}{g}\frac{d^2j}{dt^2}=bG_1-R\Psi,$$

et pour le mouvement de rotation des roues de devant

$$\frac{M'}{g}\cdot\frac{d^2j'}{dt^2}=bG'_1-R'\Psi'.$$

CHAPITRE II.

DU FROTTEMENT DES BANDES ET DES ESSIEUX DES ROUES.

§ 1. *Répartition de la charge sur les essieux.*

10. Une voiture à quatre roues étant posée sur un plan horizontal, nommons c la distance entre les plans verticaux menés par les essieux (*fig.* 6), ou la distance entre les points de contact des roues sur le chemin; p la distance entre le premier essieu et la verticale menée par le centre de gravité du poids P.

La pression sur le milieu du premier essieu est $P' = \frac{c-p}{c} P$, et sur le milieu du second $P'' = \frac{P}{c} P$, et l'on peut admettre que la pression sur chacun des collets du premier essieu est $\frac{1}{2} P'$ et sur chacun des collets du second $\frac{1}{2} P'$.

Par exemple : *la Jackson*, locomotive à quatre roues du chemin de fer de Versailles, rive droite, a les dimensions suivantes : $c = 1^m,535$, $p = 0^m,450$, $P = 7500$ kil., $Q = 1600$ kg., $Q' = 600$ kg. La largeur de la voie est de $1^m,50$ (1).

Ainsi,

$$\frac{c-p}{c} = 0,707, \frac{c}{p} = 0,293, P' = 5,301 \text{ kilog. } P'' = 2,199 \text{ kilog.}$$

Lorsque la voiture est en repos sur les rails, la pression que

(1) Examen des questions techniques, etc., par M. Jules Petiet, in-4°, imprimé en 1843.

chacune des roues motrices exerce $= 3451$, et celle des roues de devant $= 1399$.

11. Si on enlève une des roues de devant, la machine ne reposera plus que sur trois points H′ H″ H‴, mais comme le centre de gravité n'est qu'à $0^m,45$ de l'essieu coudé, et se trouve à $0^m,3175$ de la diagonale H′ H‴, elle restera en équilibre sur ces trois points. Soient P′ P″ P‴ les charges réparties sur les trois roues. On aura les équations de l'équilibre

$$P' + P'' + P''' = 7500,$$
$$1,535\, P''' = 0,45 \times 7500,$$
$$1,50(P'' + P''') = \frac{1}{2} \times 1,50 \times 7500;$$

d'où l'on tire

$$P' = 3750^{kg},0,$$
$$P'' = 1551,\ \ 3,$$
$$P''' = 2198,\ \ 70;$$

de sorte que les pressions sur les rails sont

$$P' + \frac{1}{2}Q = 4550^{kg},0,$$

$$P'' + \frac{1}{2}Q = 1631,\ \ 3,$$

$$P''' + \frac{1}{2}Q' = 2498,\ \ 7.$$

Ainsi, la roue motrice qui est isolée porte la moitié de la charge P, et la roue de devant porte le double de la charge qu'elle portait dans le premier cas.

On voit donc qu'il peut y avoir de grandes variations dans les pressions des roues sur les rails, lorsque la locomotive, ayant une grande vitesse de translation, il arrive que, par des mouvements de lacets et de flexions de rails, l'une des roues de devant n'éprouve plus de pression.

12. Une barre rectiligne et rigide est soutenue par trois ressorts égaux placés à des distances $B'\ B'' = q$, $B''\ B''' = c - q$

(*fig.* 7), de sorte que les trois points d'appui de cette barre, sont à ses deux points extrêmes A′ A‴ et au point intermédiaire A″ qui partage sa longueur c en deux parties, dont les longueurs sont q et $c - q$.

La position primitive de la barre, lorsque le ressort B″ était à égales distances des ressorts B′ et B‴, est indiquée par la ligne horizontale a' a'' a'''. Lorsque le ressort B″ est placé à une distance q du premier B′ et que la barre est chargée du poids P placé à une distance p de l'extrémité A′, ou $c-q$ de l'extrémité A‴, la barre prend la position A′ A″ A‴, et les ressorts se sont allongés des quantités $a\,A' = \lambda'$, $a''\,A'' = \lambda''$, $a'''\,A''' = \lambda'''$. Il s'agit de déterminer les charges P′ P″ P‴ que les ressorts supportent.

Lorsqu'un corps est posé sur une droite horizontale, ou sur un plan horizontal, la pression exercée par son poids P se distribue entre les points d'appui ; mais quand il y en a plus de deux sous la droite, et plus de trois sous le plan, la charge de chacun est indéterminée, si le soutien et les appuis sont inflexibles. Lorsque le soutien est rigide et que les appuis sont des ressorts, l'indétermination est moins étendue. Nous avons d'abord eu recours à l'expérience, pour déterminer la charge de trois appuis, dans le cas où le soutien est une ligne droite.

Nous avons pris trois ressorts semblables, et qui s'allongeaient ou se raccourcissaient d'une même quantité λ sous le même poids ϖ, et qui pouvaient éprouver des changements plus considérables de longueur sans éprouver aucune altération dans leur élasticité. Nous y avons suspendu une barre rigide, ainsi que nous venons de le dire en décrivant la figure sixième. Nous avons placé successivement le ressort intermédiaire à la $\frac{1}{2}$, au $\frac{1}{3}$ et au $\frac{1}{6}$ de la barre, et, dans chacune de ces positions, nous avons mis le poids P à la $\frac{1}{2}$, au $\frac{1}{3}$ et au $\frac{1}{6}$ de cette barre ainsi suspendue ; enfin, nous avons mesuré à $\frac{1}{10}$ près de millimètre les allongements λ' λ''' des ressorts extrêmes, et nous avons inscrit dans un même tableau les données de nos expériences. Il a été facile de calculer l'allongement λ'' du ressort intermédiaire au moyen des valeurs connues de λ' λ'' et q.

Les allongements ou les raccourcissements d'un ressort étant proportionnels aux poids qui produisent ces effets, tant que l'élasticité du ressort n'est pas altérée, l'allongement de chacun des ressorts B' B'' B''' est 1 sous le poids $\frac{\varpi}{\lambda}$, et de $\frac{\lambda}{\varpi}$ sous le poids 1. Ainsi, puisque les allongements λ' λ'' λ''' correspondent aux poids P' P'' P''', on aura

$$\left.\begin{aligned} P' &= \lambda' \frac{\varpi}{\lambda}, \\ P'' &= \lambda'' \frac{\varpi}{\lambda}, \\ P''' &= \lambda''' \frac{\varpi}{\lambda}; \end{aligned}\right\} \quad (1)$$

et puisque ces trois charges sont produites par le poids P,

$$P' + P'' + P''' = P. \quad (2)$$

Nous avons écrit, dans le même tableau, les nombres calculés P' P'' P''' P. Nous avons reconnu aisément que les composantes P étaient sensiblement les mêmes que les poids qui avaient été employés ; que, dans le cas où le ressort intermédiaire B'' était à égales distances des deux autres, la charge de ce ressort était $P'' = \frac{1}{3}$ P, et que la charge restante était distribuée sur les deux autres ressorts B' et B''. La loi suivant laquelle cette distribution a lieu, et celle de la distribution de la charge entière sur les trois points d'appui, dans les cas des autres positions du ressort intermédiaire B'', n'étant pas facile à saisir, nous les avons déterminées par les raisonnements que nous allons exposer.

Les moments des forces pris par rapport au premier point A' donnent l'équation

$$pP = qP'' + cP''', \tag{3}$$

La barre étant rigide, on a entre λ' λ'' et λ''' l'équation $q : \lambda'' - \lambda' = c : \lambda''' - \lambda'$, d'où l'on tire

$$c\lambda'' = (c-q)\,\lambda' + q\,\lambda'''$$

ou bien, en mettant pour λ' λ'' λ''' leurs valeurs indiquées par les équations (1),

$$c\,P'' = (c-q)\,P' + q\,P'''. \tag{4}$$

Les trois équations (2) (3) (4) donnent, en éliminant entre elles deux des inconnues P' P'' P''', la valeur de la troisième :

$$\begin{aligned} P' &= \frac{c^2 + q^2 - cp - pq}{c^2 + q^2 - cq}\,\tfrac{1}{2}\,P, \\ P'' &= \frac{c^2 + 2pq - cp - cq}{c^2 + q^2 - cq}\,\tfrac{1}{2}\,P, \\ P''' &= \frac{q^2 + 2cp - cq - pq}{c^2 + q^2 - cq}\,\tfrac{1}{2}\,P. \end{aligned} \tag{5}$$

On peut remarquer que ces valeurs sont indépendantes des propriétés des ressorts.

Les équations (1) et (5) donneront les valeurs de λ' λ'' λ''', qui dépendent de la nature des ressorts.

12. Si $q = \frac{1}{2}c$, les formules (5) donnent

$$P' = \left(5 - 6\frac{p}{c}\right)\frac{1}{6}P, \quad P'' = \frac{1}{3}P, \quad P''' = \left(6\frac{p}{c} - 1\right)\frac{1}{6}P.$$

Si $q = \frac{2}{3}c$,

$$P' = \left(13 - 15\frac{p}{c}\right)\frac{1}{14}P, \quad P'' = \left(3 + 3\frac{p}{c}\right)\frac{1}{14}P, \quad P''' = \left(12\frac{p}{c} - 2\right)\frac{1}{14}P.$$

13. Nous avons appliqué les formules des articles précédents

aux différents problèmes que nous avions essayé de résoudre par l'expérience, et nous avons reconnu que nos premiers résultats approchaient d'une manière satisfaisante de ceux de la théorie. Quoi qu'il en soit, nous ne faisons pas cette remarque pour justifier nos formules, mais pour indiquer le degré d'approximation dont nos appareils et nos moyens d'observation sont susceptibles.

14. On ne peut changer les valeurs des composantes P', P'', P''', qu'en changeant les distances q et p, c'est-à-dire la position des roues motrices et celle du centre de gravité de P. Si l'on veut, par exemple, que la charge P'' soit une portion donnée de P, telle que $P'' = \frac{1}{i}P$; la seconde formule de l'article 11 donnera

$$p = \frac{c^2 - cq - \frac{2}{i}(c^2 + q^2 - cq)}{c - cq}.$$

15. *La Seine*, locomotive à six roues du chemin de Versailles, rive gauche, a les dimensions suivantes. Distance de l'essieu coudé à l'essieu de derrière, $1^m,50$, à l'essieu de devant $1^m,557$, $c = 3^m,057$, $q = 1^m,50$, $c - q = 1^m,557$. Distance du centre de gravité à l'essieu coudé, ou $p - q = 0^m,494$; $p = 1^m,50 + 0^m,494 = 1^m,994$; $c - p = 1^m,063$; $P = 9000$ kg. $Q = 1800$ kg. $Q' = Q'' = 750$ kg.

Substituant ces valeurs dans les formules (5) de l'art. 11, on aura

$$P' = 0,3578718.\frac{1}{2}P = 1610^{kg}.423,$$

$$P'' = 0,6628045.\frac{1}{2}P = 2982,\quad 620,$$

$$P''' = 0,9793240.\frac{1}{2}P = 4406,\quad 957.$$

Les pressions des roues sur les rails sont donc

$$\frac{1}{2}(P' + Q'') = 1180^{k.g}\ 2115,$$

$$\frac{1}{2}(P'' + Q) = 2391, \quad 3100,$$

$$\frac{1}{2}(P''' + Q') = 2578, \quad 4785.$$

On voit que l'essieu de devant porte près de la moitié de la charge P, l'essieu coudé moins du tiers, et l'essieu de derrière un peu plus du quart.

16. Lorsqu'on a adapté six roues aux locomotives, on s'était proposé de diminuer la fatigue des rails, en répartissant le poids sur un plus grand nombre d'appuis, et d'empêcher la chute de la machine dans le cas où l'essieu coudé viendrait à se rompre; mais on n'a pas atteint ce but. En effet on a pour *la Jakson* $P = 7500$ $P' = 5301$ $P'' = 2199$, et pour *la Seine* $P = 9000$ $P' = 1610$ $P'' = 2983$ $P''' = 4407$. Ainsi, dans les locomotives à quatre roues, l'essieu de devant ne porte pas la moitié de la charge de l'essieu coudé, et dans les machines à six roues l'essieu de devant porte près d'une fois et demie la charge de l'essieu coudé.

Ces pressions différentes donnent l'explication de plusieurs faits : dans les machines à quatre roues les essieux coudés cassent plus souvent que les essieux de devant; dans les machines à six roues la rupture de l'essieu de devant était assez fréquente, avant qu'on eût augmenté la force de ces essieux; dans les machines à six roues on augmente beaucoup l'adhérence sur les rails, en liant les roues de devant aux roues motrices.

17. Les machines à six roues présentent à peu près les mêmes dispositions que les machines à quatre roues entre les roues motrices et les roues de devant; dans les unes et dans les autres le centre de gravité du poids P est généralement au tiers de la distance qui sépare les essieux de ces roues, parce qu'on

ne pouvait pas rapprocher l'essieu coudé du centre de gravité sans diminuer la longueur des bielles. Mais ne pourrait-on pas reculer le centre de gravité de P en arrière, afin de le rapprocher de l'essieu des roues motrices?

Par exemple : si le centre de gravité de *la Seine* correspondait à l'essieu coudé, et que toutes les autres dimensions de cette locomotive fussent conservées, on aurait $P' = 3055,6$ $P'' = 3000,6$ $P''' = 294,370$. Si l'on voulait diminuer la charge de l'essieu de derrière, en portant le centre de gravité en avant de l'essieu coudé, on ferait $p - q = 0^{m},25$, et on aurait $P' = 2324,3$ $P'' = 2991,5$ $P''' = 3684,2$; mais alors l'essieu de derrière serait peut-être encore trop chargé et l'essieu coudé ne porterait que 9 kilogrammes de moins que dans l'état actuel de la locomotive.

§ 2. *Frottement des bandes et des essieux.*

18. Dans un wagon placé sur les rails d'un chemin horizontal, la pression du coussinet a lieu sur la partie supérieure de l'essieu. C'est ce qui arrive encore dans l'état du mouvement ; car dès que le coussinet avance et que la pression tend à s'exercer, en avant du diamètre vertical, l'essieu cède et tourne, de sorte que le coussinet est toujours porté par la partie supérieure de l'essieu. Ainsi, la pression du wagon et de sa charge sur l'essieu, et la pression des roues sur les rails se font aux points de contact qui se trouvent sur les diamètres verticaux, c'est-à-dire sur les diamètres perpendiculaires aux rails.

Les pressions s'exercent encore aux mêmes points dans un wagon qui monte ou qui descend un plan incliné (*fig.* 1 et 2); c'est-à-dire, que la pression des coussinets sur les essieux et celle des roues sur les rails ont lieu respectivement aux points h, h', H, H', déterminés par les diamètres h, H, h', H', perpendiculaires aux rails inclinés OHH'. Cela est évident pour la seconde pression, puisque les roues ne peuvent toucher le chemin qu'aux points H et H'. On voit ensuite assez facilement que la première pression ne peut avoir lieu qu'en h et h', puisque les essieux peuvent être considérés comme des roues qui sont, à chaque instant du mouvement, posées sur des plans tangents aux coussinets et parallèles aux rails, et que les coussinets ne peuvent avancer sans forcer les essieux de tourner, ainsi que nous venons de le reconnaître dans un wagon qui se meut sur un plan horizontal.

Si le wagon n'était pas en mouvement, mais qu'il fût maintenu en équilibre, ou arrêté sur le plan incliné par une force ou par un obstacle mis sous l'une des roues, les points d'appui sur les essieux ne seraient plus en h et h', mais en γ et γ' à l'aplomb des centres C et C', et, dans certaines circonstances, en des points intermédiaires situés entre γ et h, γ' et h'.

19. Lorsque le wagon est sur un chemin horizontal, les pressions sur les points h et h' sont $\frac{c-p}{c}$ P et $\frac{p}{c}$ P (art. 10), les pressions sur les points H et H' sont $\frac{c-p}{c}$ P + Q et $\frac{p}{c}$ P + Q'

Le wagon étant sur un plan incliné, soient c' la distance horizontale entre les verticales menées par les points h et h', p' la distance entre la verticale menée par le point h et la verticale menée par le point G, centre de gravité du poids P : ε l'angle que le plan incliné fait avec le plan horizontal. Les pressions verticales sur les points h et h' seront $\frac{c'-p'}{c'}$ P et $\frac{p'}{c}$ P', ou bien

$$KP \text{ et } K'P$$

en faisant pour abréger

$$K = \frac{c'-p'}{c'}, \qquad K' = \frac{p'}{c'},$$

ce qui donne

$$K + K' = 1.$$

Soient $\Pi\Pi'$ les pressions que le poids P exerce sur les coussinets perpendiculairement au plan incliné, $\text{I}\text{I}'$ les pressions que les rails éprouvent aux points HH'. On aura

$$\Pi = \text{KP}\cos\varepsilon, \qquad \Pi' = \text{K'P}\cos\varepsilon;$$
$$\text{I} = (\text{KP}+\text{Q})\cos\varepsilon, \qquad \text{I}' = (\text{K'P}+\text{Q})\cos\varepsilon.$$

Il s'agit de déterminer c' et p' en fonctions de $c\ p\ \varepsilon$. On voit aisément (*fig.* 1re) que $Cs = \text{HH}' = c$, $Cm = p$, $ms = c - p$, $c' = ha + a'h'$, $p' = ha$, $c' - p' = a'h'$. Or $ha = Cb + hq$, $Cb = Cm \times \cos\varepsilon - pm$, $hq = r\sin\varepsilon$, $pm = Gm \times \sin\varepsilon = (y - \text{R})\sin\varepsilon$, $a'h' = b'C' - h'q'$, $b'C' = ls + sk = sm \times \cos\varepsilon + pm + sk$, $h'q' = r'\sin\varepsilon$, $sk = s\text{C}' \times \sin\varepsilon = (\text{R} - \text{R}')\sin\varepsilon$. Donc,

$$p' = p\cos\varepsilon - (y - \text{R} - r)\sin\varepsilon,$$
$$c' - p' = (c - p)\cos\varepsilon + (y - \text{R}' - r')\sin\varepsilon,$$
$$c' = c\cos\varepsilon + (\text{R} + r - \text{R}' - r')\sin\varepsilon.$$

Si l'on fait les mêmes calculs pour le cas où le wagon descend le plan incliné, comme dans la figure 2, les valeurs qu'on trouvera seront les mêmes que les précédentes en y faisant ε négatif.

20. Considérons maintenant une voiture à deux roues (*fig.* 3). Le poids du corps de cette voiture et de la charge qu'elle porte est P, celui des deux roues et de l'essieu est Q. La verticale menée par le centre de gravité de P passe par l'axe de l'essieu lorsque la voiture est sur un plan horizontal ; elle passe en arrière ou en avant de cet essieu, lorsque la voiture monte ou descend un plan incliné, et, dans ce cas, le moteur attelé au brancard rétablit l'équilibre par une partie de son poids, ou par la charge qu'il supporte. Soit B cette force, K son point d'application sur la droite CK parallèle au plan incliné OHA ; enfin $\text{CK} = b$.

On a $hm = [y - (\text{R} + r)]\sin\varepsilon$, $\text{KL} = b\cos\varepsilon$, $lh = r\sin\varepsilon$. L'équation de l'équilibre entre les forces P et B est $\text{P} \times hm =$

$B(KL+lh)$; savoir : $P[y-(R+r)]\sin\varepsilon = B(b\cos\varepsilon + r\sin\varepsilon)$; d'où l'on tire

$$B = \frac{y-(R+r)}{b\cos\varepsilon + r\sin\varepsilon} P\sin\varepsilon.$$

La résultante des forces P et B est

$$P+B = \frac{b\cos\varepsilon + (y-R)\sin\varepsilon}{b\cos\varepsilon + r\sin\varepsilon} P.$$

Ainsi, les pressions perpendiculaires au plan incliné OA, aux points h et H, sont

$$H = (P+B)\cos\varepsilon, \qquad I = (P+B+Q)\cos\varepsilon.$$

21. Pour une voiture à quatre roues libres, indiquée par la figure 4, on aura

$$p' = p\cos\varepsilon - (y - R + r)\sin\varepsilon,$$
$$c' - p' = (c-p)\cos\varepsilon + (y - R' + r')\sin\varepsilon,$$
$$c' = c\cos\varepsilon + (R + r - R' - r')\sin\varepsilon.$$

Pour une voiture à deux roues libres, indiquée par la figure 5, on aura

$$B = \frac{y-(R-r)}{b\cos\varepsilon - r\sin\varepsilon} P\sin\varepsilon,$$
$$P+B = \frac{b\cos\varepsilon + (y-R)\sin\varepsilon}{b\cos\varepsilon - r\sin\varepsilon} P.$$

Ces formules sont les mêmes que celles des articles 19 et 20, en y faisant r négatif.

22. Reprenons le wagon de la figure 1. Si les premières roues n'avaient qu'un mouvement de translation, le frottement qui aurait lieu au point H sur les rails, serait un frottement de glissement dont la valeur serait fI. Si elle n'avait qu'un mouvement de rotation, ses coussinets étant fixes, le frottement qui aurait lieu au point H serait encore un frottement de glissement exprimé par fI, et il y en aurait un autre au point h dont la valeur serait fH. Lorsqu'elle tourne en se développant sur

le rail, et qu'elle ne glisse pas, il n'y a au point H que le frottement de roulement exprimé par $ffI\,(R)$, (R) étant une fonction du rayon R que nous chercherons à déterminer par l'expérience ; au point h, il y a le frottement de glissement $f\Pi$ et celui de roulement $ff\Pi\,(r)$.

Lorsque la roue glisse sur les rails et tourne en se développant, il y a à la bande, au point H, frottement de glissement fI et frottement de roulement $ffI\,(R)$, il y a à l'essieu au point h, frottement de glissement et frottement de roulement $ff\Pi\,(r)$.

Les secondes roues donneront les résistances

$$f'I',\ ff'I'(R'),\ f'\Pi',\ ff'\Pi'(r').$$

Il y a encore à tenir compte, dans certaines circonstances, de l'adhérence de la bande avec le sol de la route. L'adhérence étant proportionnelle à l'étendue des surfaces qui se touchent, soient $\Gamma\,[R]$ et $\gamma\,[r]$ les valeurs de celles qui sont lieu aux points H et h, $[R]$ et $[r]$ étant des fonctions de R et r. On aura pour les secondes roues $\Gamma'\,[R']$ et $\gamma'\,[r']$.

Toutes ces résistances tendent à diminuer la vitesse des points de contact des roues sur les rails, et par conséquent la vitesse de translation du wagon. Les premières $fI + ffI\,(R) + \Gamma\,[R]$ agissent suivant la direction des rails, à une distance R de l'axe des premières roues, les secondes $f\Pi + ff\Pi\,(r) + \gamma\,[r]$ agissent suivant la même direction à une distance r du même axe, et équivalent à la résistance $(f\Pi + ff\Pi\,(r) + \gamma\,[r])\,\frac{r}{R}$ qui agit à une distance R du même axe. On aura donc pour les sommes de toutes ces résistances

$$fI + ffI\,(R) + \Gamma\,[R] + (f\Pi + ff\Pi\,(r) + \gamma\,[r])\,\frac{r}{R},$$

$$f'I' + ff'I'(R') + \Gamma'[R'] + (f'\Pi + ff'\Pi'(r') + \gamma'[r'])\,\frac{r'}{R'}.$$

Si la voiture était fixe et les rails mobiles dans un sens contraire au mouvement de translation de cette voiture, les roues tourneraient de la même manière, mais on verrait plus aisément que dans le cas d'équilibre, les forces φ et φ' qu'il faudrait appliquer aux rails dans le sens de leur direction pour être au moment de surmonter les résistances, seraient exprimées de la manière suivante :

$$R\varphi = (f\mathrm{I} + ff\mathrm{I}(R) + \Gamma[R])R + (\mathrm{f}\Pi + \mathrm{ff}\Pi(r) + \gamma[r])r,$$
$$R'\varphi' = (f'\mathrm{I}' + ff'\mathrm{I}'(R') + \Gamma'[R'])R' + (\mathrm{f}'\Pi' + \mathrm{ff}'\Pi'(r') + \gamma'[r'])r';$$

et en divisant les deux membres par R R'

$$\varphi = f\mathrm{I} + ff\mathrm{I}(R) + \Gamma[R] + (\mathrm{f}\Pi + \mathrm{ff}\Pi(r) + \gamma[r])\frac{r}{R},$$

$$\varphi' = f'\mathrm{I}' + ff'\mathrm{I}'(R') + \Gamma'[R'] + (\mathrm{f}'\Pi' + \mathrm{ff}'\Pi'(r) + \gamma'[r])\frac{r'}{R'}.$$

23. Soit $(F + \sin\varepsilon)A$ la puissance qu'il faudra employer pour maintenir la voiture en mouvement, ou la force de tirage exercée parallèlement au plan incliné. On aura

$$FA = \varphi + \varphi',$$

et en faisant usage de la dénomination de l'article 9,

$$\Phi = (F + \sin\varepsilon)A.$$

Les rails et les bandes étant en fonte ou en fer forgé, et toujours propres, les essieux et leurs coussinets étant toujours lubrifiés d'huile limpide, il n'y a aucune adhérence sensible entre les rails et les bandes, entre les essieux et leurs coussinets. Il en est de même des voitures ordinaires sur une route en bon état d'entretien. On peut donc supprimer, dans le plus grand nombre de cas, les termes $\Gamma[R]$, $\gamma[r]$, $\Gamma'[R']$, $\gamma'[r]$; et les expressions précédentes deviennent

$$\varphi = [f + ff(R)]\mathrm{I} + [\mathrm{f} + \mathrm{ff}(r)]\Pi\frac{r}{R},$$

$$\varphi' = [f' + ff'(R')]\mathrm{I}' + [\mathrm{f}' + \mathrm{ff}'(r')]\Pi'\frac{r'}{R'}.$$

$$\varphi+\varphi' = [f+ff(R)]I + [f'+ff'(R')]I' + [\mathrm{f}+\mathrm{ff}(r)]\Pi\frac{r}{R} + $$
$$+ \mathrm{f}' + \mathrm{ff}'(r)]\Pi'\frac{r'}{R'}.$$

Les roues d'une même voiture étant construites de la même manière et roulant sur les mêmes rails, les coefficients des frottements qu'elles éprouvent sont les mêmes, de sorte que $f'=f$, $ff'=ff$, $\mathrm{f}'=\mathrm{f}$, $\mathrm{ff}'=\mathrm{ff}$; et

$$\varphi = [f+ff(R)] + [f+ff(r)]\Pi\frac{r}{R},$$

$$\varphi' = [f+ff(R')]I' + [\mathrm{f}+\mathrm{ff}(r')]\Pi'\frac{r'}{R'},$$

$$\varphi+\varphi' = f(I+I') + ff[I(R)+I'(R')] + [\mathrm{f}+\mathrm{ff}(r)]\Pi\frac{r}{R} + [\mathrm{f}+\mathrm{ff}(r')]\Pi'\frac{r'}{R'}.$$

Ou bien, en mettant pour II' $\Pi\Pi'$ leurs valeurs (art. 18),

$$\varphi = \left\{[f+ff(R)](KP+Q) + [\mathrm{f}+\mathrm{ff}(r)]KP\frac{r}{R}\right\}\cos\varepsilon,$$

$$\varphi' = \left\{[f+ff(R')](K'P+Q') + [\mathrm{f}+\mathrm{ff}(r')]K'P\frac{r'}{R'}\right\}\cos\varepsilon,$$

$$\varphi+\varphi' = \left\{fA + ff[(KP+Q)(R) + (K'P+Q')(R')] + [\mathrm{f}+\mathrm{ff}(r)]KP\frac{r}{R} + \right.$$
$$\left. + [\mathrm{f}+\mathrm{ff}(r')]K'P\right\}\cos\varepsilon.$$

On peut remarquer que les valeurs de φ φ' et $\varphi+\varphi'$ restent les mêmes lorsque ε change de signe, parce qu'elles ne renferment que $\cos\varepsilon$ qui ne change pas de signe avec l'angle ε. Ainsi, les différents frottements aux bandes et aux coussinets sont les mêmes, tant en montant qu'en descendant. C'est ce qui est confirmé par l'expérience et ce qui vient de ce que les points de contact h et H, h' et H' (*fig.* 1 et 2) sont sur les mêmes diamètres perpendiculaires au plan incliné du chemin, pendant le mouvement, ainsi que nous l'avons dit ci-dessus à l'article 18.

Les collets ou les fusées des essieux ayant ordinairement le même diamètre, on a $r' = r$ et

$$\varphi = \left\{ [f + ff(\mathrm{R})](\mathrm{KP} + \mathrm{Q}) + [\mathrm{f} + \mathrm{ff}(r)]\,\mathrm{KP}\frac{r}{\mathrm{R}} \right\} \cos\varepsilon,$$

$$\varphi' = \left\{ [f + ff(\mathrm{R}')](\mathrm{K'P} + \mathrm{Q}') + [\mathrm{f} + \mathrm{ff}(r)]\,\mathrm{K'P}\frac{r}{\mathrm{R}'} \right\} \cos\varepsilon,$$

$$\varphi + \varphi' = \left\{ [f\mathrm{A} + ff[(\mathrm{KP} + \mathrm{Q})(\mathrm{R}) + (\mathrm{K'P} + \mathrm{Q}')(\mathrm{R}')] + [\mathrm{f} + \right.$$

$$\left. + \mathrm{ff}(r)]\left(\frac{\mathrm{K}}{\mathrm{R}} + \frac{\mathrm{K}'}{\mathrm{R}'}\right)\mathrm{P}r \right\} \cos\varepsilon.$$

24. Lorsque l'on considère séparément le mouvement de rotation des roues, et que l'on désigne par R Ψ R' Ψ' les moments des résistances qui s'opposent à ce mouvement de rotation (art. 9), on a

$$\mathrm{R}\Psi = \mathrm{R}\varphi + \mathrm{KP}(\mathrm{R} + r)\sin\varepsilon + \mathrm{QR}\sin\varepsilon,$$
$$\mathrm{R}'\Psi' = \mathrm{R}'\varphi' + \mathrm{K'P}(\mathrm{R}' + r)\sin\varepsilon + \mathrm{Q'R'}\sin\varepsilon,$$

ou bien

$$\mathrm{R}\Psi = \{[f + ff(\mathrm{R})](\mathrm{KP} + \mathrm{Q})\mathrm{R} + [\mathrm{f} + \mathrm{ff}(r)]\mathrm{KP}r\}\cos\varepsilon +$$
$$+ \{(\mathrm{KP} + \mathrm{Q})\mathrm{R} + \mathrm{KP}r\}\sin\varepsilon,$$
$$\mathrm{R}'\Psi' = \{[f + ff(\mathrm{R}')](\mathrm{K'P} + \mathrm{Q}')\mathrm{R}' + [\mathrm{f} + \mathrm{ff}(r)]\mathrm{K'P}r\}\cos\varepsilon +$$
$$+ \{(\mathrm{K'P} + \mathrm{Q}')\mathrm{R}' + \mathrm{K'P}r\}\sin\varepsilon.$$

En effet, la composante verticale KP qui agit au point h de l'essieu (*fig.* 1) tend à faire tourner la roue autour du point de contact H en sens contraire du mouvement que la force motrice et la résistance au point H lui font prendre, dans le sens du mouvement de translation; or, la distance de la direction de cette composante au point H est

$$\mathrm{H}h \times \sin \mathrm{EG(P)} = (\mathrm{R} + r)\sin\varepsilon :$$

le poids Q de la roue dont la composante passe par le centre C agit de la même manière, et son moment est $\mathrm{Q} \times \mathrm{R}\sin\varepsilon$. Lorsque la voiture monte, les résistances et l'effet de la pesanteur agissent en sens contraire de la force motrice, et les deux moments doivent s'ajouter à celui de φ; lorsque la voiture descend, il faut changer le signe de ε dans les deux formules précédentes, et les deux moments dont il s'agit doivent se retrancher de celui de φ.

25. Dans la voiture à deux roues (*fig.* 3) les forces verticales qui agissent aux points h et H sont P + B et P + B + Q, on aura donc

$$\mathrm{FA} = \left\{ ff(\mathrm{P} + \mathrm{B} + \mathrm{Q})(\mathrm{R}) + [\,\mathrm{f} + \mathrm{ff}(r)]\,(\mathrm{P} + \mathrm{B})\,\frac{r}{\mathrm{R}} \right\} \cos\varepsilon.$$

§ 3. *Mouvement d'un cylindre sur un plan.*

26. Nous allons considérer le mouvement d'un cylindre et celui d'une voiture sur un plan, afin d'établir les formules qui peuvent servir à déterminer les lois et les coefficients du frottement de roulement, dans diverses circonstances.

Soient R le rayon, l la longueur, Q le poids d'un cylindre qui roule sur un plan incliné qui fait un angle ε avec l'horizon (*fig.* 8). La ligne de contact du cylindre et du plan incliné étant horizontale dans tous les instants du mouvement, le cylindre peut être représenté par sa section transversale qui est le cercle dont le rayon est R, et le plan incliné par une ligne droite à laquelle ce cercle est tangent. Soient, au bout du temps t, x l'espace parcouru par le centre du cercle, j l'arc décrit par un point marqué sur la circonférence 2π du cercle dont le centre est celui de la section transversale, et dont le rayon est 1. La vitesse de translation parallèle au plan indiqué sera $\frac{dx}{dt} = u$, et la vitesse de rotation autour de l'axe du cylindre sera $\frac{dj}{dt} = v$.

Soient G une force dirigée dans le sens des x positifs, parallèle au plan incliné; Φ la somme des forces qui s'opposent au mouvement, αu^2 la résistance de l'air.

L'équation du mouvement de translation sera (article 9),

$$\frac{Q}{g}\,\frac{d^2x}{dt^2} = G - \Phi - \alpha u^2, \qquad (a)$$

et l'équation du mouvement de rotation, dans le cas où la force G passe par le centre,

$$\frac{M}{g}\,\frac{d^2j}{dt^2} = R\,(G - \Phi), \qquad (b)$$

$\frac{M}{g}$ étant le moment d'inertie du cylindre par rapport à son axe.

Les formules de l'art. 23 donnent pour un cercle qui glisse et roule sur un plan incliné

$$\Phi = [f + ff(R)]\cos\varepsilon \pm \sin\varepsilon]\,Q\,;$$

ou bien

$$\Phi = (\mathrm{f}\cos\varepsilon \pm \sin\varepsilon)\,Q,$$

en faisant pour abréger

$$f + ff(R) = \mathrm{f}.$$

On prendra le signe supérieur ou le signe inférieur suivant que le mouvement aura lieu, de bas en haut ou de haut en bas

En effet, la résistance que la force motrice doit surmonter dans l'un ou dans l'autre sens est $\mathrm{f}Q\cos\varepsilon + \alpha u^2$; mais, dans le premier, elle a de plus à surmonter l'action de la pesanteur $Q\sin\varepsilon$ dirigée de haut en bas, ce qui donne pour la résistance totale $\mathrm{f}Q\cos\varepsilon + \alpha u^2 + Q\sin\varepsilon$; tandis que dans le second la pesanteur agissant dans le sens du mouvement, la résistance n'est plus que $\mathrm{f}Q\cos\varepsilon + \alpha u^2 - Q\sin\varepsilon$.

La force G ne produirait qu'un mouvement de translation s'il n'y avait pas de frottement; mais comme au contact du cylindre et du plan sur l'élément dx, la résistance du frottement tend à empêcher le mouvement de translation, la force motrice G pendant l'instant dt fait tourner le cylindre autour du second point de dx jusqu'à ce que le contact ait lieu sur l'élément suivant; ainsi, en supposant l'axe fixe et le plan incliné mobile en sens contraire du mouvement de translation, le moment de la force motrice sera $G \times R$.

La direction de la force Q passe par le centre du cercle, elle tend à faire descendre le mobile, et son moment par rapport au point de contact est $Q \times R \sin \varepsilon$. La résistance due aux frottements de glissement et de roulement, ou $fQ \cos \varepsilon$, diminue l'effet de la force motrice, et son moment est $fQ \cos \varepsilon \times R$. On aura donc $R(G - \Psi) = R(G - Q \sin \varepsilon - fQ \cos \varepsilon)$, et $\Phi = (f \cos \varepsilon + \sin \varepsilon) Q$, lorsque le mouvement a lieu de bas en haut; $R(G - \Psi) = R(G + Q \sin \varepsilon - fQ \cos \varepsilon)$, et $\Phi = (f \cos \varepsilon - \sin \varepsilon) Q$, lorsque le mouvement a lieu de haut en bas.

Les forces appliquées et effectives étant en équilibre, tant en vertu de leurs actions directes sur le centre du cercle, qu'en vertu de leurs moments autour de l'axe de rotation, on aura les deux équations (a) et (b).

La force de tirage G appliquée au centre du cercle peut être exprimée par une certaine fraction de la pression sur le plan incliné, savoir :

$$G = \beta Q \cos \varepsilon$$

27. On a $\frac{d^2x}{dt^2} = \frac{du}{dt}$, $\frac{d^2j}{dt^2} = \frac{dv}{df}$; substituant ces valeurs dans les équations (a) et (b) et négligeant la résistance de l'air, on aura

$$\frac{Q}{g}\frac{du}{dt} = G - \Phi,$$

$$\frac{M}{g}\frac{dv}{dt} = R(G - \Phi).$$

Multipliant par dt et intégrant, on aura, en nommant U V, les vitesses initiales de translation et de rotation,

$$\frac{Q}{g}(u - U) = (G - \Phi)t,$$

$$\frac{M}{g}(v - V) = R(G - \Phi)t.$$

28. Si l'on multiplie l'équation (a) par dx, et l'équation (b) par dj, puis qu'on intègre, on aura

$$\frac{Q}{g}(u^2 - U^2) = 2(G - \Phi)x,$$
$$\frac{M}{g}(v^2 - V^2) = 2R(G - \Phi)j.$$

29. Pour un cylindre ou pour une roue pleine, on a $Q = \pi R^2 l g\delta$, $g\delta$ étant le poids spécifique et δ la densité; ou bien en faisant $\delta = 1$,

$$Q = \pi l R^2 g.$$

On a pour le même corps

$$\frac{M}{g} = \tfrac{1}{2}\pi R^4 l, \qquad M = \tfrac{1}{2} QR^2.$$

Substituant ces valeurs dans la première équation de l'art. 28, on en tirera

$$u^2 = U^2 + 2g\left\{\beta \cos\varepsilon \mp \sin\varepsilon - [f + f'(R)]\cos\varepsilon\right\}x.$$

30. Éliminant $G - \Phi$ entre les équations de l'art. 27, puis entre les deux de l'art. 28, on aura

$$QR(u - U) = M(v - V),$$
$$QRj(u^2 - U^2) = Mx(v^2 - V^2),$$

ou bien en mettant pour M et Q leurs valeurs,

$$u - U = \tfrac{1}{2} R(v - V),$$

$$j(u^2 - U^2) = \tfrac{1}{2} Rx(v^2 - V^2).$$

31. Lorsque le cylindre tourne sans glisser, on a

$$Rj = x, \qquad Rv = u, \qquad RV = U,$$

et les équations de rotation de l'article précédent donnent

$$u - U = \tfrac{1}{2}(u - U), \quad u^2 - U^2 = \tfrac{1}{2}(u^2 - U^2),$$

c'est-à-dire $u = U$. Ainsi, lorsque le cylindre tourne sans glisser sur un plan, la vitesse de translation et la vitesse de rotation sont uniformes

32. L'équation $u = U$ donne $G = \Phi$; savoir :

$$\beta Q \cos \varepsilon = [ff(R) \cos \varepsilon \pm \sin \varepsilon] Q;$$

car le cylindre tournant sans glisser le terme fQ disparait. On tire de cette équation,

$$ff(R) = \beta \mp \text{tang}\,\varepsilon;$$

c'est-à-dire dans le mouvement de bas en haut, $ff(R) = \beta - \text{tang}\,\varepsilon$; dans le mouvement de haut en bas, $ff(R) = \beta + \text{tang}\,\varepsilon$.

Le frottement de roulement d'un cylindre sur un plan incliné est proportionnel à la pression; il varie avec l'angle ε du plan incliné et avec la nature des surfaces en contact.

33. Sur un plan horizontal, on a

$$ff(R) = \beta.$$

Le frottement de roulement sur un plan horizontal est proportionnel à la pression et variable avec la nature des surfaces en contact.

La force motrice est βQ, le coefficient peut être plus ou moins grand, et la vitesse imprimée croît proportionnellement à β.

34. Lorsque l'angle ε est déterminé de manière que $\beta \cos \varepsilon - (f \cos \varepsilon \pm \sin \varepsilon) = 0$, ou

$$f + ff(R) = \beta \mp \text{tang}\,\varepsilon,$$

on a

$$\frac{d^2x}{dt^2} = 0, \quad \frac{d^2j}{dt^2} = 0.$$

Les mouvements de translation et de rotation sont alors uniformes.

35. Un corps posé sur un plan incliné y restera en repos, si

la quantité $f \cos \varepsilon - \sin \varepsilon$ est positive, et même lorsque $f \cos \varepsilon = \sin \varepsilon$. On tire de cette équation

$$f + ff(\mathrm{R}) = \operatorname{tang} \varepsilon.$$

Lorsque le corps ne peut que glisser $ff(\mathrm{R})$ est nul, et

$$f = \operatorname{tang} \varepsilon.$$

Lorsqu'il peut tourner, le frottement de glissement n'a pas lieu, $f = 0$, et

$$ff(\mathrm{R}) = \operatorname{tang} \varepsilon.$$

36. Si le corps qui roule sur un plan incliné est un cerceau d'une épaisseur l, dont le rayon extérieur est R, et le rayon intérieur $\mathrm{R}_{,}$, on aura

$$\mathrm{Q} = \pi (\mathrm{R}^2 - \mathrm{R}_{,}^2)\, lg, \qquad \frac{\mathrm{M}}{g} = \tfrac{1}{2}\pi(\mathrm{R}^4 - \mathrm{R}_{,}^4)l.$$

Substituant ces valeurs dans la première équation de relation de l'article 30, on aura

$$\mathrm{R}(u - \mathrm{U}) = \tfrac{1}{2}(\mathrm{R}^2 + \mathrm{R}_{,}^2)(v - \mathrm{V}).$$

Lorsque le cerceau roule sans glisser, cette équation devient

$$\mathrm{R}^2(u - \mathrm{U}) = \tfrac{1}{2}(\mathrm{R}^2 - \mathrm{R}_{,}^2)(u - \mathrm{U})\,;$$

d'où l'on tire $u = \mathrm{U}$, comme pour une roue pleine.

37. Supposons qu'un cylindre descende un plan incliné suivi d'un plan horizontal, et cherchons le point où il restera sur le second (*fig.* 8).

Le cylindre descendant en roulant par le seul effet de la pesanteur, la force G est nulle, il ne glisse pas sur le plan incliné, et c'est par le seul effet de la vitesse acquise sur ce plan qu'il roule sur le plan horizontal. On a donc $\beta = 0$ $f = 0$, et l'équation du mouvement sur le plan incliné est (article 29)

$$u^2 = 2g\,[\sin \varepsilon - ff(\mathrm{R}) \cos \varepsilon]\,x.$$

Lorsque le cylindre est arrivé au pied du plan incliné, sa vitesse est u_1, et il a parcouru un espace x_1, et

$$u_1^2 = 2g[\sin\varepsilon - ff(R)\cos\varepsilon]x_1.$$

Lorsqu'il touche le plan horizontal, sa vitesse u_1 se décompose en deux autres, l'une verticale $u_1 \sin\varepsilon$ qui est détruite par le plan horizontal, l'autre horizontale $u_1\cos\varepsilon$ qui est celle du cylindre à l'origine de son mouvement sur le plan horizontal ; on aura donc sur ce plan

$$u^2 = u_1^2\cos^2\varepsilon + 2g[-ff(R)]x,$$

et le point sur lequel le cylindre s'arrêtera sera déterminé par l'équation

$$0 = u_1^2\cos^2\varepsilon - 2gff(R)x_2.$$

Substituant pour u_1^2 sa valeur, on en tirera

$$ff(R) = \frac{x_1 \sin\varepsilon \cos^2\varepsilon}{x_1\cos^3\varepsilon + x_2}.$$

Soient h la hauteur, b la base du plan incliné, à compter du point sur lequel on a posé le cylindre, on aura

$$x_1\sin\varepsilon = h, \qquad x_1\cos\varepsilon = b,$$

et la formule précédente devient

$$ff(R) = \frac{h\cos^2\varepsilon}{b\cos^2\varepsilon + x_2}.$$

Si le plan incliné fait avec l'horizon un angle assez petit pour qu'on puisse supposer $\cos\varepsilon = 1$, sans erreur sensible, on aura

$$ff(R) = \frac{h}{b + x_2}.$$

38. Supposons qu'une roue placée verticalement sur un plan horizontal, ait été frappée de manière à recevoir une vitesse initiale de translation et une vitesse initiale de rotation, en sens contraire du mouvement de translation. La roue, en

vertu de la première impulsion, parcourra un certain espace ξ pendant le temps θ, puis, en vertu de la seconde impulsion qui lui a imprimé un mouvement de rotation qu'elle conserve en partie, retournera en arrière et s'arrêtera, après avoir parcouru un espace $\xi-\xi'$ pendant le temps t'.

Le mouvement d'aller se fait avec les vitesses initiales U et V, et il est ralenti par les frottements de glissement et de roulement. Il sera donc déterminé par les équations (a) et (b) de l'article 26, en y faisant $G=0$ $\varepsilon=0$, savoir :

$$\frac{d^2x}{dt^2}=-g[f+ff(R)];$$

multipliant par dt, puis par dx, et intégrant, on aura

$$u=U-g[f+ff(R)t,$$

$$x=Ut-\tfrac{1}{2}g[f+ff(R)]t^2,$$

$$u^2=U^2-2g[f+ff(R)]x.$$

Au bout du temps $t=\theta$, on aura $u=0$ $x=\xi$, et

$$0=U-g[f+ff(R)]\theta, \tag{α}$$

$$\xi=U\theta-\tfrac{1}{2}g[f+ff(R)]\theta^2, \tag{β}$$

$$0=U^2-2g[f+ff(R)]\xi. \tag{γ}$$

Le mouvement de retour s'effectue par l'effet de la vitesse de rotation V' qui donne la vitesse initiale de translation RV', et il n'est rallenti que par le frottement de roulement. Il est déterminé par l'équation

$$\frac{d^2x}{dt^2}=-gff(R).$$

multipliant par dt, puis par dr, et intégrant, on aura

$$u=RV'-gff(R)t,$$

$$x=RV't-\tfrac{1}{2}gff(R)t^2,$$

$$u^2=R^2V'^2-2gff(R)x$$

au bout du temps $t = \theta'$, on aura $u = 0 \quad x = \xi - \xi'$ et

$$0 = \mathrm{RV}' - g\,ff(\mathrm{R})\,\theta', \tag{δ}$$

$$\xi - \xi' = \mathrm{RV}'\theta - \tfrac{1}{2}\,g\,ff(\mathrm{R})\,\theta'^2, \tag{ε}$$

$$0 = \mathrm{R}^2\mathrm{V}'^2 - 2g\,ff(\mathrm{R})\,(\xi - \xi'. \tag{ζ}$$

L'élimination de U entre les équations (α) et (β), et de RV' entre les équations (δ) et (ε) donne

$$f + ff(\mathrm{R}) = \frac{2\xi}{g\theta^2},$$

$$ff(\mathrm{R}) = \frac{2(\xi - \xi')}{g\theta'^2};$$

et par conséquent

$$f = \frac{2}{g}\left[\frac{\xi}{\theta^2} = \frac{\xi - \xi'}{\theta'^2}\right];$$

substituant ces valeurs dans les équations (γ) et (ζ) on aura

$$\mathrm{U} = \frac{2\xi}{\theta},$$

$$\mathrm{RV}' = \frac{2(\xi - \xi')}{\theta'}.$$

L'équation de relation $u - \mathrm{U} = \frac{1}{2}\mathrm{R}\,(v - \mathrm{V})$ de l'article 30 donne,

lorsque $u = 0$, $-\mathrm{U} = \frac{1}{2}\mathrm{R}\,(\mathrm{V}' - \mathrm{V})$, d'où l'on tire $\mathrm{RV} = \mathrm{RV}' + 2\mathrm{U}$; et par conséquent

$$\mathrm{RV} = \frac{4\xi}{\theta} + \frac{2(\xi - \xi')}{\theta'}.$$

39. Deux plans inclinés se coupent suivant une droite horizontale, le premier fait un angle ε avec l'horizon, et le second un angle ε' (*fig.* 9); un cylindre descend le premier et monte sur le second jusqu'à un certain point d'où il redescendra pour remonter ensuite sur le premier; et ainsi de suite jusqu'à ce qu'il s'arrête entre les deux. On demande les points où il parviendra sur chaque plan.

Le cylindre étant posé sur le premier plan et abandonné à lui-même, on aura $\beta=0$, $U=0$, $f=0$, et l'équation de son mouvement sera (art. 29),

$$u^2 = 2g[\sin\varepsilon - ff(R)\cos\varepsilon]\,x;$$

lorsqu'il touche le second plan $u=u'$ $x=\xi$,

$$u_1^2 = 2g[\sin\varepsilon - ff(R)\cos\varepsilon]\xi. \qquad (a)$$

La vitesse u_1 se décompose en deux autres, l'une perpendiculaire au second plan $u_1 \sin(\varepsilon+\varepsilon_1)$ qui est détruite par ce plan, l'autre $u_1 \cos(\varepsilon+\varepsilon_1)$ parallèle au second plan et qui est celle du cylindre à l'origine de son mouvement sur le second plan. On aura donc l'équation (art. 29),

$$u^2 = u_1^2\cos^2(\varepsilon+\varepsilon_1) + 2g[-\sin\varepsilon_1 - ff(R)\cos\varepsilon_1]x,$$

lorsqu'il est à la fin de sa course ascensionnelle $u=0$ $x=\xi_1$ et

$$0 = u_1^2\cos^2(\varepsilon+\varepsilon_1) - 2g[\sin\varepsilon_1 + ff(R)\cos\varepsilon_1]\xi_1. \qquad (b)$$

Éliminant u_1 entre les deux équations (a) et (b), on aura une équation entre les distances parcourues ξ et ξ_1, de laquelle on tirera

$$ff(R) = \frac{\xi\sin\varepsilon\cos^2(\varepsilon+\varepsilon_1) - \xi_1\sin\varepsilon_1}{\xi\cos\varepsilon\cos^2(\varepsilon+\varepsilon_1) + \xi_1\cos\varepsilon_1}. \qquad (A)$$

Soient h et b, h_1 et b_1 les projections verticales et horizontales de ξ et ξ_1, on aura

$$\xi\sin\varepsilon = h \qquad \xi_1\sin\varepsilon_1 = h_1$$

$$\xi\cos\varepsilon = b \qquad \xi_1\cos\varepsilon = b_1,$$

et la formule précédente devient

$$ff(R) = \frac{h\cos^2(\varepsilon+\varepsilon_1) - h_1}{b\cos^2(\varepsilon+\varepsilon_1) + b_1}. \qquad (B)$$

Si les angles ε et ε_1 sont assez petits pour qu'on puisse supposer $\cos(\varepsilon+\varepsilon_1)=1$ sans erreur sensible, on aura

$$ff(R) = \frac{h-h_1}{b+b_1}. \qquad (C)$$

§ 4. *Mouvement d'un cylindre sur une surface cylindrique concave.*

40. Considérons le mouvement d'un cylindre horizontal sur une surface cylindrique concave et horizontale. Le centre du cercle, base du cylindre, tracera une ligne parallèle à la section transversale de la surface cylindrique. Supposons que cette ligne parallèle est celle qui est donnée, et qu'au bout du temps t le centre du cercle soit au point C (*fig.* 10), que x et y soient ses coordonnées rectangles, s l'arc qu'il a parcouru. Le cercle se trouvera pendant l'instant dt sur la tangente MP parallèle à la tangente CD, et formant avec l'horizon un angle ε. Les coordonnées du point de contact M seront pendant le même instant $\xi = x - \mathrm{R}\sin\varepsilon$, $\eta = y - \mathrm{R}\cos\varepsilon$. L'équation du mouvement du cercle sur le plan incliné MP, ou celui du centre C sur l'élément ds, sera (art. 26)

$$\frac{d^2s}{dt^2} = g\left[\sin\varepsilon - ff(\mathrm{R})\cos\varepsilon\right].$$

On a $\sin\varepsilon = \frac{dy}{ds}$, $\cos\varepsilon = -\frac{dx}{ds}$, puisque $\frac{dx}{ds}$ est le cosinus de l'angle CDX. Substituant ces valeurs dans l'équation précédente, elle deviendra

$$\frac{d^2s}{dt^2} = g\left[\frac{dy}{ds} + ff(\mathrm{R})\frac{dx}{ds}\right];$$

multipliant les deux membres par ds et intégrant, on aura

$$\frac{ds^2}{dt^2} = 2g\left[y + ff(\mathrm{R})x\right] + \text{const.},$$

soient $x_0\, y_0$ les coordonnées du point de départ, on aura

$$0 = 2g\left[y_0 + ff(\mathrm{R})x_0\right] + \text{const.},$$

et par conséquent

$$u^2 = 2g\left[y - y_0 + ff(\mathrm{R})(x - x_0)\right];$$

soient x_1 et y_1 les coordonnées du centre, lorsque le cercle est à l'extrémité de sa course, on aura

$$0=2g[y_1-y_0+ff(\mathrm{R})(x_1-x_0)],$$

d'où l'on tire

$$ff(\mathrm{R})=\frac{y_0-y_1}{x_1-x_0}.$$

Ainsi, la valeur de $ff(\mathrm{R})$ est exprimée par le rapport entre les distances des projections verticales et des projections horizontales des points de départ et d'arrivée.

D'après cette règle, et abstraction faite des signes des arcs parcourus, la seconde oscillation donnera

$$ff(\mathrm{R})=\frac{y_1-y_2}{x_1-x_2},$$

la troisième

$$ff(\mathrm{R})=\frac{y_2-y_3}{x_2-x_3},$$

et ainsi de suite.

41. Transportons l'origine des coordonnées au point S de la courbe CS, où la normale est verticale, $OO'=a$, $O'S=b$, l'arc $=c$, et nommons $\xi\,\eta$ les nouvelles coordonnées SB et BC, ρ le rayon de courbure, et $d\alpha$ l'angle de contingence au point C. Le rayon de courbure sera $\rho+\mathrm{R}$, et l'angle de contingence sera $d\alpha$ au point M de la courbe directrice. On aura

$$x+\xi=a,\quad y-\eta=b,\quad s+\sigma=c,$$

et l'équation du mouvement de C_0 en S sera

$$-\frac{d^2\sigma}{dt^2}=g\,[\sin\varepsilon-ff(\mathrm{R})\cos\varepsilon],$$

ou bien

$$\frac{d^2\sigma}{dt^2}=g\,[-\sin\varepsilon+ff(\mathrm{R})\cos\varepsilon].\qquad (a)$$

On a

$$\sin\varepsilon=\frac{d\eta}{d\sigma},\qquad \cos\varepsilon=\frac{d\xi}{d\sigma},$$

et en substituant ces valeurs dans l'équation précédente

$$\frac{d^2\sigma}{dt^2} = g\left[-\frac{d\eta}{d\sigma} + ff(\mathrm{R})\frac{d\xi}{d\sigma}\right]; \qquad (b)$$

multipliant cette équation et intégrant à partir du point C_0 dont les coordonnées sont $\xi_0 \eta_0$, on aura

$$u^2 = 2g\,[\eta_0 - \eta + ff(\mathrm{R})\,(\xi - \xi_0)],$$

au point S le plus bas de l'arc σ tracé par le centre du mobile,

$$\xi = 0, \quad \eta = 0, \quad u = u_1,$$

et

$$u_1^2 = 2g\,[\eta_0 - ff(\mathrm{R})\,\xi_0].$$

On voit donc que la vitesse acquise au point S est moindre que lorsqu'il n'y a pas de frottement de roulement. En vertu de cette vitesse, le mobile montera sur l'arc SC_1 jusqu'au point C_1 moins élevé que le point C_0, alors on aura

$$\xi = -\xi_1, \quad \eta = \eta_1, \quad u = 0$$

et par conséquent

$$\eta_0 - \eta_1 = ff(\mathrm{R})\,(\xi_0 + \xi_1),$$

d'où l'on tire

$$ff(\mathrm{R}) = \frac{\eta_0 - \eta_1}{\xi_0 + \xi_1}.$$

On aura de la même manière pour les autres oscillations successives

$$\begin{aligned}
\eta_1 - \eta_2 &= ff(\mathrm{R})\,(\xi_1 + \xi_2) & u_2^2 &= 2g[\eta_1 - ff(\mathrm{R})\,\xi_1], \quad (\mathrm{A})\\
\eta_2 - \eta_3 &= ff(\mathrm{R})\,(\xi_2 + \xi_3) & u_3^2 &= 2g[\eta_2 - ff(\mathrm{R})\,\xi_2],\\
\eta_3 - \eta_4 &= ff(\mathrm{R})\,(\xi_3 + \xi_4) & u_4^2 &= 2g[\eta_3 - ff(\mathrm{R})\,\xi_3],\\
&\textit{etc.}, & &\textit{etc.}
\end{aligned}$$

42. Supposons que la courbe directrice soit un cercle, la courbe décrite par le centre du mobile sera un arc de cercle dont l'équation sera

$$\xi^2 + \eta^2 - 2\rho\eta = 0,$$

on aura

$$\xi = \sin\varepsilon \qquad \eta = \rho\,(1 - \cos\varepsilon) \qquad \sigma = \rho\varepsilon\,,$$

$$\frac{d\xi}{d\varepsilon} = \rho\cos\varepsilon \quad \frac{d\eta}{dr} = \rho\sin\varepsilon \qquad d\sigma = \rho d\varepsilon\,,$$

$$\frac{d\xi}{d\sigma} = \cos\varepsilon \qquad \frac{d\eta}{dr} = \sin\varepsilon \qquad d\varepsilon = d\varphi.$$

Substituant ces valeurs dans l'équation (a) de l'article précé dent, elle donnera l'équation (b), ou bien

$$\frac{d^2\varepsilon}{dt^2} = \frac{g}{\rho}\left[-\sin\varepsilon + ff(\mathrm{R})\cos\varepsilon\right];$$

multipliant par $d\varepsilon$ et intégrant à partir du point C_0 où $\varepsilon = \varepsilon_0$, on aura

$$\frac{d\varepsilon^2}{dt^2} = \frac{2g}{\rho}\left[\cos\varepsilon - \cos\varepsilon_0 + ff(\mathrm{R})(\sin\varepsilon - \sin\varepsilon_0)\right].$$

Au point S, l'angle ε est nul et l'expression de la vitesse angulaire est

$$\frac{d\varepsilon^2}{dt^2} = \frac{2g}{\rho}\left[1 - \cos\varepsilon_0 - ff(\mathrm{R})\sin\varepsilon_0\right].$$

A la fin de la première oscillation, $\varepsilon = -\varepsilon_1$ et $\frac{d^2\varepsilon}{dt} = 0$, et

$$\cos\varepsilon_1 - \cos\varepsilon_0 = ff(\mathrm{R})(\sin\varepsilon_0 - \sin\varepsilon_1).$$

43. Si les oscillations sont petites, on pourra faire $\sin\varepsilon = \varepsilon$, $\cos\varepsilon = 1$, sans erreur sensible, et l'équation (c) deviendra

$$\frac{d^2\varepsilon}{dt^2} + \frac{g}{\rho}\varepsilon = \frac{g}{\rho}ff(\mathrm{R}).$$

L'intégrale de cette équation est

$$\varepsilon = ff(\mathrm{R})\left[1 + \alpha\cos t\sqrt{\frac{g}{\rho}} + \beta\sin t\sqrt{\frac{g}{\rho}}\right],$$

α et β étant deux constantes arbitraires. On en tire

$$\frac{d\varepsilon}{dt} = ff(\mathrm{R})\sqrt{\frac{g}{\rho}} \times \left[-\alpha\sin t\sqrt{\frac{g}{\rho}} + \beta\cos t\sqrt{\frac{g}{\rho}}\right].$$

La vitesse de translation sur l'arc σ est $\frac{d\sigma}{dt} = \rho \frac{d\varepsilon}{dt} = u$. A l'origine du mouvement, au point C_0, $u = 0 \frac{d\varepsilon}{dt} = 0$, $\varepsilon = \varepsilon_0$; donc, $\varepsilon_0 = ff(R)(1+\alpha)\,0 = \beta$, et

$$\varepsilon = ff(R) + [\varepsilon_0 - ff(R)] \cos t \sqrt{\frac{g}{\rho}},$$

$$u = -\sqrt{g\rho} \times [\varepsilon_0 - ff(R)] \sin t \sqrt{\frac{g}{\rho}}.$$

La vitesse u est nulle, lorsque $\sin t \sqrt{\frac{g}{\rho}} = 0$, et par conséquent toutes les fois que $t \sqrt{\frac{g}{\rho}}$ est un multiple de π. Ainsi, l'intervalle de temps qui s'écoule entre deux vitesses nulles consécutives, ou la durée T d'une oscillation, est

$$T = \pi \sqrt{\frac{\rho}{g}}.$$

C'est la durée d'une oscillation du pendule simple, dont la longueur est ρ, et qui oscille dans le vide, ou dans l'air lorsque la résistance de ce fluide est proportionnelle au carré de la vitesse. Ainsi, la résistance due au frottement de roulement, et la résistance de l'air n'influent aucunement sur la durée des petites oscillations d'une roue ou d'un cylindre horizontal, qui roule sur une surface cylindrique horizontale et concave.

44. Supposons que la courbe CSC_1 soit une parabole dont l'axe est vertical et dont le sommet S est à l'origine des coordonnées, son équation sera

$$2\rho\eta = \xi^2.$$

On peut remarquer que cette équation est celle d'un arc de cercle dont la longueur σ_0 est assez petite, et le rayon ρ est assez grand pour que l'on puisse négliger le terme η ou le carré de η dans l'équation $\xi^2 + \eta^2 = 2\rho\,\eta$.

Substituant pour $\varkappa_0$ et $\varkappa_1$ leurs valeurs $\frac{\xi_0^2}{2\rho}$ et $\frac{\xi_1^2}{2\rho}$ dans l'équation (A) de l'article 41, on aura

$$\xi_0^2 - \xi_1^2 = 2\rho ff(\mathrm{R})(\xi_0 + \xi_1);$$

ou bien, en divisant les deux membres par $\xi_0 + \xi_1$,

$$\xi_0 - \xi_1 = 2\rho ff(\mathrm{R});$$

et celle ci donne, en mettant pour ξ_0 et ξ_1 leurs valeurs 5 sin ε_0 et 5 sin ε_1

$$\sin\varepsilon_0 - \sin\varepsilon_1 = 2ff(\mathrm{R}).$$

Ainsi, la quantité $ff(\mathrm{R})$ est égale à la moitié de la projection horizontale de la différence des deux parties σ_0 et σ_1 d'une oscillation.

Les oscillations successives du même cylindre donneront les équations suivantes :

$$\begin{array}{ll} \xi_0 - \xi_1 = 2\rho ff(\mathrm{R}), & \sin\varepsilon_0 - \sin\varepsilon_1 = 2ff(\mathrm{R}); \\ \xi_1 - \xi_2 = 2\rho ff(\mathrm{R}), & \sin\varepsilon_1 - \sin\varepsilon_2 = 2ff(\mathrm{R}); \\ \xi_2 - \xi_3 = 2\rho ff(\mathrm{R}), & \sin\varepsilon_2 - \sin\varepsilon_3 = 2ff(\mathrm{R}); \\ \text{etc.} & \text{etc.} \end{array} \qquad (\mathrm{B})$$

d'où l'on tire, en additionnant les équations de chaque catégorie

$$\xi_0 - \xi_n = 2\rho n ff(\mathrm{R}), \qquad \sin\varepsilon_0 - \sin\varepsilon_n = 2n ff(\mathrm{R}).$$

Ainsi, les différences entre les projections horizontales des deux arcs décrits par le centre du mobile, dans ses oscillations successives, sont égales entre elles et à la quantité $2\rho\, ff\,(\mathrm{R})$ dont les facteurs ρ, ff et (R) sont constants. Ou bien, les différences entre les sinus des amplitudes des parties descendantes et ascendantes des oscillations sont égales à la quantité $2ff(\mathrm{R})$.

Les équations précédentes donnent

$$\begin{array}{ll} \xi_1 = \xi_0 - 2\rho ff(\mathrm{R}), & \xi_0 + \xi_1 = 2[\xi_0 - \rho ff(\mathrm{R})]; \\ \xi_2 = \xi_0 - 4\rho ff(\mathrm{R}), & \xi_1 + \xi_2 = 2[\xi_0 - 3\rho ff(\mathrm{R})]; \\ \xi_3 = \xi_0 - 6\rho ff(\mathrm{R}), & \xi_2 + \xi_3 = 2(\xi_0 - 5\rho ff(\mathrm{R})]; \\ \text{etc.} & \text{etc.} \end{array} \qquad (\mathrm{C})$$

Les oscillations entières et successives sont $\sigma_0 + \sigma_1, \sigma_1 + \sigma_2, \sigma_2 + \sigma_3$, etc. Ainsi, les oscillations successives éprouvent des diminutions dont les projections horizontales sont constantes, et la suite des diminutions forme une progression arithmétique décroissante, dont la différence est $4\rho ff(\mathrm{R})$.

Substituant dans les équations (A) pour x sa valeur $\frac{\xi^2}{2\rho}$, elles donneront

$$u_1^2 = \frac{g}{\rho}\xi_0[\xi_0 - 2\rho ff(\mathrm{R})],$$

$$u_2^2 = \frac{g}{\rho}\xi_1[\xi_1 - 2\rho ff(\mathrm{R})],$$

$$u_3^2 = \frac{g}{\rho}\xi_2[\xi_2 - 2\rho ff(\mathrm{R})],$$

etc.

et celles-ci deviendront, en y éliminant $2\rho ff(\mathrm{R})$ au moyen des équations (C)

$$u_1^2 = \frac{g}{\rho}\xi_0\xi_1,$$

$$u_2^2 = \frac{g}{\rho}\xi_1(2\xi_1 - \xi_0),$$

$$u_3^2 = \frac{g}{\rho}\frac{1}{2}\xi_2(3\xi_2 - \xi_0), \qquad \text{(D)}$$

$$u_4^2 = \frac{g}{\rho}\frac{1}{3}\xi_3(4\xi_3 - \xi_0),$$

etc.

$$u^{n^2} = \frac{g}{\rho}\frac{1}{n-1}\xi_{n-1}(n\xi_{n-1} - \xi_0).$$

Les vitesses $u_1 u_2 u_3$ etc. forment une suite décroissante. Lorsque $n\xi_{n-1} < \xi_0$, la valeur de u est imaginaire et les oscillations cessent.

On a pour un premier mobile qui roule sur la directrice $\xi_0 - \xi_1 = 2\rho ff(\mathrm{R})$; pour un second mobile d'un rayon $\mathrm{R}' > \mathrm{R}$ qui roule sous la même direction $\xi'_0 - \xi'_1 = 2(\rho + \mathrm{R} - \mathrm{R}')ff(\mathrm{R}')$, et par conséquent

$$\xi_0{}^1 - \xi_1{}^1 = 2(\rho + R - R')\frac{(R')}{(R)}(\xi_0 - \xi_1); \qquad (E)$$

ou bien, si les deux mobiles partent du même point, $\sin \varepsilon_0 - \sin \varepsilon_1 = 2ff(R)$, $\sin \varepsilon_0 - \sin \varepsilon'_1 = 2ff(R')$, d'où l'on tire

$$\sin\varepsilon_0 - \sin\varepsilon_1{}^1 = \frac{(R')}{(R)}(\varepsilon_0 - \varepsilon_1).$$

$$\sin\varepsilon_1{}^1 - \sin\varepsilon_1 = 2ff[(R) - (R')]. \qquad (F)$$

5. *Mouvement d'un cylindre et mouvement d'un wagon sur des plans inclinés en ayant égard à la résistance de l'air.*

45. Reprenons l'équation primitive de l'article 26

$$\frac{Q}{g}\frac{d^2x}{dt^2} = \beta Q \cos\varepsilon - (f\cos\varepsilon \pm \sin\varepsilon)Q - \alpha u^2,$$

ou

$$\frac{d^2x}{dt^2} = g[\beta\cos\varepsilon \pm \sin\varepsilon - f\cos\varepsilon] - g\frac{\alpha}{Q}u^2, \qquad (A)$$

dans laquelle $f = f + ff(R)$

Soient, pour abréger,

$$g[\beta\cos\varepsilon \mp \sin\varepsilon - f\cos\varepsilon] = u,$$

$$g\frac{\alpha}{Q} = b, \qquad (\alpha)$$

l'équation (A) deviendra

$$\frac{d^2x}{dt^2} = a - bu^2;$$

ou bien, en mettant pour u sa valeur $\frac{dx}{dt}$,

$$\frac{d^2x}{dt^2} = a - b\frac{dx^2}{dt^2}.$$

Soit $\frac{d^2x}{dt^2} = \frac{dz}{dx}$, elle deviendra

$$\frac{d^2x}{dt^2} + b\frac{dz}{dx} = a.$$

multipliant par dx et intégrant

$$\frac{dx^2}{dt^2} + 2bz = 2ax.$$

Mettant $\frac{dz}{dx}$ pour $\frac{dx^2}{dt^2}$,

$$\frac{dz}{dx} + 2bz = 2ax.$$

L'intégrale de cette équation est

$$z = \mathrm{C}e^{-2bx} + \frac{a}{b}\left(x - \frac{1}{2b}\right).$$

C est une constante arbitraire. Différentiant et mettant $\frac{dx^2}{dt^2}$ pour $\frac{dz}{dx}$.

$$\frac{dx^2}{dt^2} = \frac{a}{b} - 2b\mathrm{C}e^{-2bx}.$$

A l'origine du mouvement, $x=0$, u ou $\frac{dx}{dt} = \mathrm{U}$, ce qui donne $\mathrm{U}^2 = \frac{a}{b} - 2b\mathrm{C}$ et

$$u^2 = \frac{a}{b}(1 - e^{-2bx}) + \mathrm{U}^2 e^{-2bx}, \tag{C}$$

ou bien

$$u^2 = \frac{a}{b}(1 - \mathrm{X}) + \mathrm{U}^2\mathrm{X}, \tag{D}$$

en faisant pour abréger

$$\frac{1}{e^{-2bx}} = \mathrm{X}. \tag{β}$$

46. Si le cylindre a été mis en mouvement sur un plan horizontal par une force qui lui a donné une vitesse initiale U, on aura $\beta = 0$ sin $\varepsilon = 0$ cos $\varepsilon = 1$ $a = -g\,[f + ff(\mathrm{R})]$.

Soient $x = \xi$, $\mathrm{X} = \mathrm{X}'$ lorsqu'on aura $u = 0$, c'est-à-dire lorsque le cylindre s'arrêtera, on aura

$$f + ff(\mathrm{R}) = \frac{b\mathrm{U}^2\mathrm{X}'}{g(1 - \mathrm{X}')}.$$

47. Supposons qu'une roue descende deux plans inclinés qui se suivent et qu'elle s'arrête sur le second qui est bien moins incliné que le premier. Nous aurons pour le mouvement de cette roue, sur le premier plan, l'équation (D) de l'article 46.

La quantité X est d'autant plus petite que x est grand; ainsi, dès que X sera une fraction assez petite pour qu'on puisse la négliger, on aura

$$u^2 = \frac{a}{b} + U^2X.$$

Si le corps descend par son propre poids, on aura $\beta = 0$, $U = 0$ $u^2 = \frac{a}{b}$, et le mouvement sera sensiblemen uniforme. C'est en effet ce qui arrive après un temps très-court.

Lorsque la roue sera au pied du premier plan, sa vitesse sera u_1, elle aura parcouru un espace x_1 et en faisant

$$\frac{1}{e^{2bx_1}} = X_1 \qquad (\beta')$$

on aura

$$u_1^2 = \frac{a}{b}(1 - X_1) + U^2X_1. \qquad (M)$$

La vitesse u_1 se décompose en deux autres (*fig.* 11), l'une $u_1 \sin(\varepsilon - \varepsilon')$ qui est détruite par le second plan, l'autre $u_1 \cos(\varepsilon - \varepsilon_1)$ qui est la vitesse initiale sur le second plan.
L'équation du mouvement sera donc alors

$$u^2 = \frac{a_1}{b}(1 - X) + u_1^2X\cos^2(\varepsilon - \varepsilon_1), \qquad (E)$$

en faisant pour abréger

$$g\,[\beta\cos\varepsilon_1 + \sin\varepsilon_1 - f\cos\varepsilon_1] = a_1 ; \qquad (\alpha')$$

b est comme dans la première $= g\frac{\alpha}{Q}$.

Lorsque la roue s'arrêtera, on aura $u = 0$ $x = x_2$ $X = X_2$

$$\frac{1}{e^{bx_2}} = X_2, \tag{β''}$$

et l'équation

$$0 = \frac{a_1}{b}(1 - X_2) + u_1^2 X_2 \cos^2(\varepsilon - \varepsilon_1). \tag{M'}$$

Puisque la roue s'arrête sur le second plan, il faut que

$$f \cos\varepsilon_1 > \beta \cos\varepsilon_1 + \sin\varepsilon_1 .$$

48. Supposons que la roue descende par l'effet seul de la pesanteur, on aura $\beta = 0$;

$$\begin{aligned} a &= g\,[\sin\varepsilon - ff(\mathrm{R}) \cos\varepsilon], \\ a_1 &= -g\,[ff(\mathrm{R}) \cos\varepsilon_1 - \sin\varepsilon_1], \\ b &= g\frac{\alpha}{\mathrm{Q}}, \\ u_1^2 &= \frac{a}{b}(1 - X_1). \end{aligned} \tag{γ}$$

Substituant cette valeur de u_1^2 dans l'équation (M'), on aura

$$0 = a_1(1 - X_2) + a(1 - X_1) X_2 \cos^2(\varepsilon - \varepsilon_1), \tag{M'}$$

ou bien

$$[ff(\mathrm{R})\cos\varepsilon_1 - \sin\varepsilon_1](1 - X_2) = [\sin\varepsilon - ff(\mathrm{R})\cos\varepsilon](1 - X_1)X_2\cos^2(\varepsilon - \varepsilon_1);$$

et on en tirera

$$ff(\mathrm{R}) = \frac{(1 - X_2)\sin\varepsilon_1 + (1 - X_1) X_2 \sin\varepsilon \cos^2(\varepsilon - \varepsilon_1)}{(1 - X_2)\cos\varepsilon_1 + (1 - X_1) X_2 \cos\varepsilon \cos^2(\varepsilon - \varepsilon_1)}. \tag{F}$$

Pour faire usage des tables des logarithmes dont la base est 10, on remarquera que

$$e^{2bx} = 10^{2bx\mathrm{M}},$$

en désignant par M le module des tables, ou le nombre 0,4342945; de sorte que

$$X_1 = \frac{1}{10^{2b\mathrm{M}x_1}}, \qquad X_2 = \frac{1}{10^{2b\mathrm{M}x_2}}.$$

49. Pour un wagon qui descend un plan incliné, on a (art. 23 et 26) :

$$\frac{A}{g} \cdot \frac{d^2x}{dt^2} = A \sin\varepsilon - f'A\cos\varepsilon - f''\frac{r}{R}P\cos\varepsilon - \alpha u^2,$$

en faisant, pour abréger,

$$f' = f + ff(R), \qquad f'' = f + ff(r).$$

Le wagon descendant par son propre poids, on aura $f = 0$. On peut négliger le frottement de roulement de l'essieu sur le coussinet, ou faire $ff(r) = 0$, sans erreur sensible.
L'équation précédente devient alors

$$\frac{d^2x}{dt^2} = g\left[\sin\varepsilon - ff(\cos\varepsilon - f\frac{r}{R} \cdot \frac{P}{A}\cos\varepsilon\right] - g\frac{\alpha}{A}u^2.$$

Si le wagon éprouvait une autre résistance ; par exemple, celle d'un frein pressant les bandes des roues, ou les rails, on aurait encore à retrancher de sin ε le terme $f'\frac{A'}{A}\cos\varepsilon$.

Soit, pour abréger,

$$g\left[\sin\varepsilon - ff(R)\cos\varepsilon - f\frac{r}{R}\frac{P}{A}\cos\varepsilon\right] = a,$$

$$g\frac{\alpha}{A} = b.$$

on aura l'équation (D) de l'article 43 pour le mouvement du wagon sur le premier plan incliné. Soit

$$g\left[\sin\varepsilon_1 - ff(R)\cos\varepsilon_1 - f\frac{r}{R}\frac{P}{A}\cos\varepsilon_1\right] = a_1$$

on aura l'équation (E) de l'article 44 pour le mouvement du wagon sur le second plan incliné. On tirera de ces deux équations, l'équation (M') qui donnera la valeur de ff (R).

On peut remarquer qu'on aura les valeurs précédentes de a et a_1 en substituant $\sin\varepsilon - f\frac{r}{A}\frac{P}{R}\cos\varepsilon_1$ à la place de $\sin\varepsilon_1$, et $\sin\varepsilon_1 - f\frac{r}{R}\frac{P}{A}\cos\varepsilon_1$ à la place de $\sin\varepsilon_1$ dans les valeurs de a et a_1 de l'article précédent. Faisant les mêmes substitutions dans la formule (F), on obtiendra pour le cas d'un wagon la formule

$$ff(\mathrm{R})=\frac{(1-X_2)(\sin\varepsilon_1-f\frac{r}{\mathrm{R}}\frac{\mathrm{P}}{\mathrm{A}}\cos\varepsilon_1)+(1-X_1)X_2(\sin\varepsilon-f\frac{r}{\mathrm{R}}\frac{\mathrm{P}}{\mathrm{A}}\cos\varepsilon)\cos^2(\varepsilon-\varepsilon')}{(1-X_2)\cos\varepsilon_1+(1-X_1)X_2\cos\varepsilon\cos^2(\varepsilon-\varepsilon')}$$

50. Si l'on fait $\alpha=0$, ou si l'on n'a point égard à la résistance de l'air $b=0$

$$X_1=1\ X_2=1$$

$$ff(\mathrm{R})=\frac{x_2(\sin\varepsilon_1-f\frac{r}{\mathrm{R}}\frac{\mathrm{P}}{\mathrm{A}}\cos\varepsilon_1)+x_1(\sin\varepsilon-f\frac{r}{\mathrm{R}}\frac{\mathrm{P}}{\mathrm{A}}\cos\varepsilon)\cos^2(\varepsilon-\varepsilon_1)}{x_2\cos\varepsilon_1+x_1\cos\varepsilon\cos^2(\varepsilon-\varepsilon_1)}.$$

§ 6. *Frottement de glissement.*

51. Le frottement de glissement est : 1° indépendant de la vitesse du mouvement ; 2° indépendant de la surface de contact ; 3° proportionnel à la pression, dans un rapport constant pour les mêmes corps dans le même état, et variable d'un corps à l'autre.

Quand les corps ont été quelque temps en contact, le frottement au moment où l'on veut les faire glisser l'un sur l'autre, est plus grand que quand ils sont en mouvement. Un ébranlement assez faible peut déterminer le mouvement ou la séparation des surfaces sous un effort de traction peu supérieur à celui qui suffit pour vaincre le frottement quand le mouvement est acquis.

§ 7. *Frottement de roulement.*

52. Le frottement de roulement est : 1° indépendant de la vitesse du mouvement ; 2° indépendant de la longueur du contact ; 3° proportionnel à la pression, dans un rapport constant pour les mêmes corps, dans le même état, et variable d'un corps à l'autre.

La troisième proposition est reconnue par tous les physiciens.

les deux autres ne sont adoptées, par quelques-uns, que dans certaines circonstances. Nous les avons admises toutes les trois dans les calculs que nous avons faits pour établir les formules qui serviront à déterminer la valeur de la quantité ff (R), au moyen des données de l'expérience.

53. Il s'agit maintenant de chercher la valeur des facteurs ff et (R), c'est-à-dire la valeur du coefficient ff et la forme de la fonction (R) du rayon du cylindre qui roule.

Lorsque l'on considère un cylindre incompressible qui presse un corps compressible, élastique et terminé par une surface plane horizontale (*fig.* 12 *et* 12 *bis*), on trouve que, suivant la nature du corps et l'intensité de la pression, l'enfoncement du cylindre est plus ou moins grand, et le changement de la surface du corps, près du cylindre, plus ou moins considérable.

Si le cylindre est mis en mouvement, il produit à chaque instant la même impression sur les autres points qu'il rencontre, et laisse en arrière une trace plus ou moins profonde, suivant le degré d'élasticité du corps.

L'impression du cylindre, à chaque instant du mouvement, est la même, tant que le cylindre conserve le même rayon et la même charge, et que le corps reste le même.

54. Soit T la force horizontale qu'il faut appliquer au centre d'une roue cylindrique dont le rayon est R et dont le poids est Q, pour la faire rouler sans glisser sur un plan horizontal OA (*fig.* 12). Le plan est la face supérieure d'un corps compressible et élastique; la roue s'y enfonce d'une quantité $FH = h$; mais, après le passage, il se relève d'une quantité $h' < h$; de sorte qu'à un instant quelconque du mouvement, la portion qui est en arrière de la verticale HC a été comprimée jusqu'à la ligne IH et s'est relevée jusqu'à la ligne ia, que la portion qui touche la roue suivant l'arc aHb tend à devenir horizontale de a en B, et à se relever en avant de B. Toutes les forces

qui agissent sur la roue doivent se faire équilibre; car c'est un fait d'expériences que le mouvement produit par la force constante T est uniforme. Soit S la résultante de toutes ces forces, laquelle est égale et directement contraire à la résultante des forces Q et T. Soit h son point d'application sur l'arc $a\mathrm{H}b$, δ la distance de ce point au rayon vertical CH, i la différence de niveau entre les points h et H ou le sinus verse de l'arc $h\mathrm{H}$, et décomposons cette résultante en deux autres forces, l'une horizontale I, et l'autre verticale. L'équilibre du centre de gravité donnera $\mathrm{I} = \mathrm{T}$. La force verticale est évidemment égale à Q, et pour que la roue ne tourne pas autour du point H, il faudra que $\mathrm{TR} = \mathrm{Q}\delta + \mathrm{I}i$; ou bien, à cause de $\mathrm{I} = \mathrm{T}$,

$$\mathrm{T}(\mathrm{R} - i) = \mathrm{Q}\delta;$$

d'où l'on tire

$$\mathrm{T} = \frac{\delta}{\mathrm{R} - i}\mathrm{Q}, \qquad \delta = (\mathrm{R} - i)\frac{\mathrm{T}}{\mathrm{Q}}.$$

Dans ces équations on peut négliger i parce que c'est une quantité fort petite par rapport à R; on peut donc écrire

$$\mathrm{T} = \frac{\delta}{\mathrm{R}}\mathrm{Q}, \qquad \delta = \mathrm{R}\frac{\mathrm{T}}{\mathrm{Q}}.$$

On voit que δ est une quantité constante dans une même roue pour des pressions diverses (*).

La charge Q se distribue également sur chacune des tranches verticales élémentaires de la roue; ainsi, la résistance due au frottement de roulement est indépendante de la largeur de la bande de la roue.

(*) La théorie développée dans cet article 54, est celle que M Dupuit a donnée dans son Mémoire sur le tirage des voitures et sur le frottement de roulement, publié en 1841 dans les Ann. des ponts et chaussées, 1er semestre. La formule $\mathrm{T} = \frac{\delta}{\mathrm{R}}\mathrm{Q}$ a été donnée par M. Poncelet dans le cours qu'il a fait à Metz et qui a été lithographié en 1836.

55. Nous avons supposé, dans l'art. 22, que le frottement du roulement était proportionnel à la pression, indépendant de la largeur de contact, et nous l'avons exprimé par $ffQ(R)$, ff étant un coefficient qui dépend de la nature des corps, Q la pression, R le rayon du mobile, (R) une fonction de ce rayon. Ainsi, la force qu'il faut appliquer au centre du cercle pour faire équilibre au frottement de roulement étant T, on a

$$T = ff(R)\,Q,$$

et par conséquent l'équation de relation entre cette expression et celle de l'article précédent est

$$\delta = ff(R)\,R.$$

Cette valeur de δ est celle du coefficient ff du frottement de roulement évalué suivant la loi de Colomb; car alors la fonction

$(R) = \frac{1}{R}$, et $(R)\,R = 1$.

56. La roue, en s'enfonçant dans le corps, fait descendre les molécules de la surface et celles de l'intérieur de ce corps; les premières, de quantités déterminées par la surface de contact et par les surfaces de raccordement avec la surface du corps; les secondes, suivant une certaine loi, depuis la surface jusqu'à une certaine profondeur. Soient s' l'arc de contact en arrière du point H, s l'arc de contact en avant du point H, φ' et φ les angles correspondants; on aura $s' = R\varphi' s = R\alpha$.

Supposons que la réaction des molécules soit représentée par la zone $\alpha\, mn\beta$ (*fig.* 14) dont l'épaisseur $\alpha m = \beta n = i$. La section en arrière de la verticale, menée par le point H est

$\alpha m JH = \frac{1}{2}\left[(R+i)^2 - R^2\right]\varphi$, la section en avant de la même verticale est $HJn\beta = \frac{1}{2}\left[(R+i)^2 - R^2\right]\varphi$.

Donc

$$Q = \frac{1}{2}\alpha l[(R+i)^2 - R^2](\varphi+\varphi').$$

La distance du centre de gravité des mêmes sections à la même verticale étant λ′ et λ, on a

$$\alpha m JH \times \lambda' = \frac{2}{3}[(R+i)^3 - R^3]\sin^2\frac{1}{2}\varphi',$$

$$HJn\beta \times \lambda = \frac{2}{3}[(R+i)^3 - R^3]\sin\frac{1}{2}\varphi;$$

donc, $\delta Q = HJn\beta \times \alpha l\lambda - \alpha m IH \times \alpha l\lambda'$,

ou $Q\delta = \frac{2}{3}\alpha l[(R)+i)^3 - R^3](\sin^2\frac{1}{2}\varphi - \sin^2\frac{1}{2}\varphi')$.

Divisant cette équation par la première, on aura

$$\delta = \frac{4}{3}\,\frac{(R+i)^3 - R^3}{(R+i)^2 - R^2}\cdot\frac{\sin^2\frac{1}{2}\varphi - \sin^2\frac{1}{2}\varphi'}{\varphi+\varphi'}.$$

On a $\sin^2\frac{1}{2}\varphi - \sin^2\frac{1}{2}\varphi = \frac{1}{2}\cos\varphi' - \cos\varphi)$, et en développant les cosinus en séries,

$$\sin^2\frac{1}{2}\varphi - \sin^2\frac{1}{2}\varphi' = \frac{1}{2}\Big[\frac{1}{2}(\varphi^2 - \varphi'^2) - \frac{1}{2.3.4}(\varphi^4 - \varphi'^4) +$$
$$+ \frac{1}{2.3.4.5.6}(\varphi^6 - Q'^6) - \text{etc.}\Big].$$

La quantité i est petite, et l'on peut la négliger par rapport à R ; dans ce cas, le facteur $\frac{(R+i)^3 - R^3}{(R+i)^3 - R^2}$ est égal à $\frac{3}{2}$R. Les arcs φ et φ' diffèrent peu l'un de l'autre, de sorte qu'on ne commettra aucune erreur sensible en négligeant les termes $\varphi^4 - \varphi'^4$, $\varphi^6 - \varphi'^6$, etc. Au moyen de ces réductions, la valeur de δ devient $\delta = R\,\frac{1}{2}\frac{\varphi^2 - \varphi'^2}{\varphi+\varphi'} = R\,\frac{1}{2}(\varphi - \varphi')$, et en éliminant φ et φ',

$$\delta = \frac{1}{2}(s - s').$$

Substituant cette valeur dans l'équation $T = \delta \frac{Q}{R}$, on aura

$$T = \frac{Q}{2R}(s - s').$$

Les arcs s et s' augmentent avec la charge, et le rapport $\frac{T}{Q}$ ne peut être constant qu'à la condition que le facteur $s - s'$ sera constant; donc

$$s - s' = \rho,$$

et

$$T = \rho \frac{Q}{2R}.$$

Ainsi, dans l'hypothèse de la figure 12, le frottement de roulement est en raison inverse du diamètre de la roue. C'est la loi de Coulomb.

57. Nous devons faire remarquer que nous avons supposé que, pour tous les corps et pour différentes profondeurs d'impression, la différence $s - s'$ des deux portions s et s' de l'arc de contact est toujours la même; or, nous ne voyons pas qu'on puisse admettre une telle propriété comme une propriété générale des corps solides, du moins pour toutes les flèches d'impression depuis $h = 0$ jusqu'à une certaine limite, et pour des roues de toutes grandeurs; la formule $T = \rho \frac{Q}{2R}$ ne peut donc pas être considérée comme exprimant avec exactitude celle du frottement de roulement.

58. Supposons maintenant que la réaction des molécules du corps pressé soit représentée par les aires des triangles mixtilignes aHB et HBb de la figure 14. La résultante des réactions verticales et sa position seront déterminées par les équations $Q = \alpha l(a\text{HB} + \text{HB}b)$, $\delta Q = \text{HB}b \times \alpha l \times \eta - a\text{HB} \times \alpha l \times \eta'$; α étant un coefficient qui dépend de la nature du corps, η' et η les distances des centres de gravité des triangles mixtilignes à la verticale HC.

L'équation de la circonférence de la roue est $y^2 = 2Rx - x^2$, en prenant le point H pour l'origine des coordonnées rectangles x et y, et la verticale HC pour l'axe des x. Les abcisses x de tous les points de l'arc aHb étant très-petites, on peut négliger le carré x^2, et l'équation des arcs aH et Hb devient

$$y^2 = 2Rx;$$

c'est-à-dire, que l'arc de contact aHb peut être assimilé à celui qui est voisin du sommet de la parabole dont le paramètre est 2R. Nous supposerons que l'arc Bb est aussi celui du sommet d'une autre parabole. Pour cette courbe, l'aire $\int y dx = \frac{2}{3} xy$, et l'ordonnée du centre de gravité de cette aire est $\eta = \frac{\int \frac{1}{2} y^2 dx}{\int y dx} = \frac{3}{8} y$. Ainsi, $a\mathrm{HB} = \frac{2}{3} h' \sqrt{2Rh'}$ $\quad \mathrm{HB}b = \frac{2}{3} h\sqrt{2Rh} - \frac{2}{3}(h - h')\sqrt{2Rh} = \frac{2}{3} h' \sqrt{2Rh}$ $\quad \eta' = \frac{3}{8}\sqrt{2Rh'}$ $\quad \eta = \frac{3}{8}\sqrt{2Rh}$;

$$Q = \frac{2}{3} \alpha l \sqrt{2R} \times h'(\sqrt{h} + \sqrt{h'}),$$

$$Q\delta = \frac{1}{4} \alpha l \times 2R \times h'(h - h').$$

Divisant ces équations l'une par l'autre; on aura

$$\delta = \frac{3}{8}\sqrt{2R} \times \frac{h - h'}{\sqrt{h} + \sqrt{h'}},$$

ou

$$\delta = \frac{3}{8}\sqrt{2R} \times (\sqrt{h} - \sqrt{h'});$$

et par conséquent,

$$\frac{T}{Q} = \frac{1}{\sqrt{2R}} \cdot \frac{3}{4} (\sqrt{h} - \sqrt{h'}).$$

Les quantités h et h' varient avec la charge pour une même roue, et il est bien évident que plus la charge est grande, plus la roue enfonce, plus le frayé est profond, le rapport $\frac{T}{Q}$ ne peut donc être constant qu'à la condition que le facteur $\sqrt{h}-\sqrt{h'}$ sera constant. Soit donc

$$\tfrac{2}{3}(\sqrt{h}-\sqrt{h'})=\rho\,;$$

on aura

$$T=\rho\frac{Q}{\sqrt{2R}}.$$

Ainsi, dans l'hypothèse de la figure 13, le frottement de roulement est en raison inverse de la racine carrée du diamètre des roues. C'est la loi de M. Dupuit (*).

59. Nous ferons sur les calculs de l'article précédent, les mêmes objections que sur les calculs de l'article 56 ; c'est qu'on ne peut pas admettre, comme une propriété générale des corps solides que, dans le frottement de roulement, la différence des quantités $\sqrt{h}$ et $\sqrt{h'}$, est toujours la même dans chacun de ces corps, pour toutes grandeurs de roues. Il y a plus, c'est qu'on parvient à la seconde formule en représentant la réaction des molécules du corps par d'autres surfaces que celles de la figure 14 ; par exemple : par les triangles rectilignes aHB, BHb de la figure 15.

En effet, dans cette hypothèse, on a $a\mathrm{HB}=\frac{1}{2}h'y'$ $\mathrm{HB}b=$ $=\frac{1}{2}h'y$,

$$Q=\tfrac{1}{2}\alpha lh'(y+y').$$

$$Q\delta=\tfrac{1}{2}\alpha lh'y\times\tfrac{1}{3}y-\tfrac{1}{2}\alpha lh'y'\times\tfrac{1}{3}y',\quad\text{ou}$$

$$Q\delta=\tfrac{1}{6}\alpha lh'(y^2-y'^2),$$

et, par conséquent, $\delta=\frac{1}{3}(y-y')=\frac{1}{3}\sqrt{2R}\times(\sqrt{h}-\sqrt{h'})$,

$$T=\frac{Q}{\sqrt{2R}}\cdot\frac{2}{3}\sqrt{h}-\sqrt{h'}).$$

(*) M. Dupuit a déduit cette loi de ses expériences et de ses calculs en 1837, dans un livre qui est intitulé : *Essai et expériences sur le tirage des voitures et sur le frottement de seconde espèce.* Il a développé sa théorie dans le mémoire cité dans la note deuxième.

60. Une proposition qui paraît d'abord extraordinaire, c'est que les deux lois exprimées par les équations

$$T = \frac{Q}{2R}(s - s'), \qquad (a)$$

$$T = \frac{Q}{\sqrt{2R}} \cdot \frac{3}{4}(\sqrt{h} - \sqrt{h'}), \qquad (b)$$

sont identiquement les mêmes, et qu'il est facile de le prouver. On a $s' = R\varphi'$, $s = R\varphi$, $h' = R-(1\cos\varphi')$, $h = R(1-\cos\varphi)$, ou bien $h' = 2R\sin^2 \frac{1}{2}\varphi'$ $h = 2R\sin^2 \frac{1}{2}\varphi$, et $\sqrt{h} - \sqrt{h'} = \sqrt{2R} \times (\sin\frac{1}{2}\varphi - \sin\frac{1}{2}\varphi')$. Développant les sinus en séries et négligeant les carrés des arcs φ et φ', on aura $\sqrt{h} - \sqrt{h'} = \frac{1}{2}(\varphi - \varphi')\sqrt{2R}$, ou $\sqrt{h} - \sqrt{h'} = \frac{1}{2R}(s - s')\sqrt{2R}$,

$$s - s' = (\sqrt{h} - \sqrt{h'})\sqrt{2R}. \qquad (c)$$

Si l'on élimine $s - s'$ entre les équations (a) et (c), on a $T = \frac{Q}{\sqrt{2R}}(\sqrt{h} - \sqrt{h'})$ qui donne la même loi que l'équation (b) : si l'on élimine $\sqrt{h} - \sqrt{h'}$ entre les équations (b) et (c), on a $T = \frac{Q}{2R} \cdot \frac{3}{4}(s - s')$, qui donne la même loi que l'équation (a).

61. Si le corps était compressible et sans élasticité, il ne se relèverait pas après avoir été pressé, la hauteur du frayé serait h, la quantité h' serait nulle, et la roue ne serait plus soutenue que par la partie postérieure Hb. On aurait alors, suivant la loi de Coulomb (art. 13),

$$T = \frac{Q}{2R} \times s,$$

et suivant la loi de M. Dupuit (art. 11),

$$T = \frac{Q}{\sqrt{2R}} \times \frac{3}{4}\sqrt{h}.$$

L'équation de l'arc Hb est $y^2 = 2Rx$, ou $y = \sqrt{2R} \times \sqrt{x}$, et comme cet arc est très-petit et qu'il ne diffère pas sensiblement de l'ordonnée correspondante y, ce qui donne $s=\sqrt{2R}\times\sqrt{h}$; la première formule devient

$$T=\frac{Q}{\sqrt{2R}}\sqrt{h},$$

et la seconde :

$$T=\frac{Q}{2R}\cdot\frac{3}{4}s.$$

62. Si la roue ne laisse pas de frayé derrière elle, on a $h'=h$, et les formules des articles 53 et 51 donnent $T=0$; de sorte que, dans ce cas, le frottement de roulement serait nul. Ce résultat fournit une autre objection contre les théories que nous avons exposées dans les articles 56 et 58 ; à moins de supposer que, pour les corps durs et élastiques, le frayé, qui n'est pas sensible à la vue, disparaît peu de temps après le passage de la roue.

63. Nous avons supposé que la roue était inflexible, mais les résultats seraient encore les mêmes si la jante était un peu flexible ; seulement, il faudrait substituer à R le rayon de courbure $R+i$ que la bande prendra au point où elle touchera le corps. Si la jante était seulement flexible entre les rais, alors le rayon de courbure au point de contact passerait successivement par toutes les valeurs de R à $R+i$, et de $R+i$ à R, pendant le temps que deux rais successifs deviennent verticaux. On éprouverait des effets analogues, si la roue supposée inflexible n'était pas exactement circulaire.

§ 8. *Premières expériences sur le frottement de roulement.*

64. Nous avons taillé un parallélipipède rectangle, dans un corps d'une pâte fine et homogène, flexible et peu élastique, après en avoir divisé les faces verticales par des droites hori-

zontales et verticales, nous avons posé dessus une roue cylindrique en bois de cormier, ayant $0^m,047$ de rayon et $0^m,015$ d'épaisseur; puis, au moyen d'une vis verticale, nous avons pressé cette roue de haut en bas, aussi lentement et aussi fortement que nous l'avons jugé nécessaire.

Les lignes horizontales se sont courbées et rapprochées les unes des autres et d'autant plus qu'elles étaient plus voisines de la bande de la roue (*fig.* 16); les lignes verticales se sont courbées en dehors. La face inférieure posée sur le plateau ne pouvait changer de forme et de dimension. La face supérieure a conservé sa longueur, au moins sensiblement, mais elle a suivi la courbure de la roue sur la longueur de l'arc de contact aHb, les points a et b étant plus bas que F, et a formé de a en O et de b en A des courbes convexes qui se raccordaient avec le plan horizontal OA. Il y avait un peu de courbure dans le sens vertical de H en E.

Des lames de plomb de peu d'épaisseur, posées les unes sur les autres et soumises à la pression de la même roue, ont présenté des résultats semblables à ceux que nous venons de décrire.

Nous avons pressé, avec des roues, différents massifs composés de plusieurs couches de glaise. Pour former ces couches nous avons cloué sur une table deux réglets de $0^m,006$ d'épaisseur, nous avons étendu de la glaise avec une spatule, puis au moyen d'un cylindre que nous avons roulé sur les réglets, nous avons obtenu une planche de glaise que nous avons partagée en plusieurs bandes de même largeur. Lorsqu'on roule le cylindre, on fait avancer une certaine quantité de glaise qui augmente quelquefois au point de le faire tourner sur lui-même à moins d'employer une plus grande force ou de faire usage de la spatule pour le faire avancer.

La pression des roues sur la glaise a produit des effets semblables à ceux qui sont indiqués par la figure 16. Un enfoncement de 0m,020 n'a produit aucun déchirementdans les couches.

Pour reconnaître si la réaction des molécules du corps pressé avait lieu verticalement en suivant les normales à la surface de contact, nous avons employé une roue dont la jante était percée de plusieurs trous rectangulaires. La glaise s'est élevée verticalement par ces ouvertures à des hauteurs différentes qui n'atteignaient pas le niveau de la corde de l'arc de contact.

Tout est resté dans le même état, lorsqu'on a enlevé la charge et la roue. Ainsi, la glaise n'a aucune élasticité.

Nous avons fait d'autres expériences avec du mastic de vitrier, qui est compressible et sans élasticité sensible, et avec des roues composées de deux plateaux et d'une bande de fer-blanc. L'une de ces roues avait un rayon de 0m,045 et une bande de 0m,050, qui était percée de trous ayant 0m,003 de diamètre. La surface du mastic est restée plane, excepté près de la bande, où l'on a remarqué une légère intumescence (*fig.* 17); les faces latérales de la roue sont entrées dans le massif en le coupant verticalement; le mastic s'est élevé verticalement par les trous à une plus grande hauteur que la surface du massif. La flèche de l'enfoncement était de 0m,010, les colonnes du milieu avaient 0m,02 à 0m,032 de hauteur; la plus grande s'est donc élevée de 0m,022 au-dessus du massif. Nous avons recommencé l'expérience, en pressant la roue lentement et sans secousse, avec une vis d'ébéniste, et nous avons obtenu les mêmes résultats.

Il nous paraît donc démontré que la réaction des molécules du corps pressé a lieu suivant des droites verticales.

65. La bande des roues était adhérente au massif. Une roue à bande de fer-blanc a été posée sur une couche de mastic et s'y est enfoncée de manière que la corde de l'arc du contact était de 0m,017. La roue a été suspendue au plateau d'une ba-

lance, et on a mis dans le second plateau un poids de 0kg.,217 pour faire équilibre au poids de cette roue. Il a fallu un poids de 1kg.,020 pour détacher la roue du mastic ; il n'y a pas eu simple séparation, mais arrachement, et il est resté un peu de mastic adhérent à la bande. Après avoir refait une couche de mastic de 0m,015 d'épaisseur, on a posé la roue dessus, et on l'a chargée successivement jusqu'au poids de 2kg.,217. La surface du mastic s'est un peu boursouflée près de la bande, et de petites excavations se sont formées devant les faces latérales. La corde de l'arc du contact était de 0m,028, et il a fallu une force équivalente à 3kg.,00 pour séparer les deux corps. Il est resté un peu de mastic à la bande.

On peut remarquer que les surfaces de contact sont $0^{m},017 \times 0,05 = 0,00085$ dans la première expérience, de $0^{m},018 \times 0,05 = 0,00140$ dans la seconde, et que les carrés de ces surfaces sont entre eux comme les poids qui mesurent l'adhérence. En effet, $(0,00085)^2 : (0,00140)^2 = 1,020$: l'adhérence $= 2^{kg.},770$. C'est, à peu de chose près, le poids employé dans la seconde expérience. Nous prenons les projections des surfaces de contact, et non les surfaces mêmes, parce que les forces agissent dans le sens vertical, et non pas suivant les normales aux surfaces de contact.

Nous avons parlé de ces dernières expériences, afin de faire connaître précisément ce que nous avons entendu par force d'adhérence dans les articles 22 et 23.

66. Pour ne pas entrer dans de plus grands détails sur des expériences de peu d'intérêt, nous nous bornerons à dire : Une roue posée verticalement sur différents corps à surface horizontale, s'y enfonce plus ou moins ; dans les uns, la pénétration est simple, et leur surface reste horizontale ou n'éprouve qu'une légère intumescence près de la bande ; dans les autres, la pénétration est accompagnée de dépressions planes ou sinus-

oïdales. Quand on enlève la roue, l'impression reste entière, ou se relève plus ou moins, ou s'efface entièrement. Si la roue tourne, elle produit la même impression à chaque instant de son mouvement de translation, et laisse derrière elle un frayé aussi profond que l'impression, ou moins profond, ou bien elle ne laisse aucune trace de son passage. Toute force constante de tirage, appliquée horizontalement au centre d'une roue, imprimera à cette roue, sur un corps quelconque, un mouvement uniforme de translation et un mouvement uniforme de rotation. Si on arrête le mouvement de translation, la roue reste en équilibre au point où elle se trouve et n'a plus de mouvement de rotation.

67. La réaction des molécules du corps contre la pression de la roue passe donc, dans tous les cas de repos ou de mouvement, par le centre de la roue. Lorsque le corps est compressible et n'a aucune élasticité, cela est évident. On démontre aisément, par l'expérience, que la même chose a lieu lorsque le corps est plus ou moins élastique.

Formez une surface horizontale au moyen de ressorts arrangés à des distances égales les unes des autres, et mettez dessus une roue verticale. Les ressorts touchés par la bande baisseront verticalement, et la roue sera en équilibre quelle que soit d'ailleurs la position du point le plus bas sur l'un des ressorts ou entre deux ressorts consécutifs. La même chose a lieu quand la roue tourne et qu'elle avance ou qu'elle recule.

Tout le monde peut se faire une idée de cette expérience et de ses résultats, en mettant, sur les touches blanches d'un piano, un cerceau léger semblable à celui que les enfants font tourner et qu'ils conduisent avec une baguette. Nous avons indiqué deux exemples de cette expérience dans les fig. 18 et 19. On voit, par la fig. 19, que le cerceau de $0^{m},80$ de diamètre est en contact avec six touches.

Ainsi, le frottement de roulement ne provient pas de la différence qu'il y a entre les réactions des molécules pressées qui se trouvent en avant et en arrière de la verticale menée par le centre de la roue ; il est dû à la résistance des molécules que la roue doit enfoncer à chaque instant, en avant de la même verticale, lorsqu'en tournant elle a un mouvement de translation.

68. Les mêmes expériences font reconnaître l'influence de la grandeur du rayon de la roue sur la profondeur de l'impression.

69. Supposons que le corps soit composé de fibres élastiques qu'un poids ϖ fait enfoncer d'une profondeur λ. Leurs résistances ou les forces qu'il faut employer pour les enfoncer de toute autre quantité étant proportionnelle à $\frac{\varpi}{\lambda}$, la résistance des fibres qui sont à une distance y de la verticale menée par le centre de la roue (*fig.* 12) et dont la section horizontale est ldy, sera $\alpha ldy \times (h-x)\frac{\varpi}{\lambda}$, α étant un coefficient qui dépend de la nature du corps. La résistance de toutes les fibres sera donc $\int \alpha l \frac{\varpi}{\lambda}(h-x)\,dy$, ou $Q = \alpha l \int \left(h - \frac{y^2}{2R}\right) dy$,

$$Q = \alpha l \frac{\varpi}{\lambda}\left(h\eta - \frac{1}{6}\frac{\eta^3}{R}\right).$$

Le centre des forces dont la somme est équivalente à Q se trouve à une distance δ de la verticale HC, déterminée par l'équation $Q\delta = \int \alpha l \frac{\varpi}{\lambda}(h-x)dy \times y = \alpha l \frac{\varpi}{\lambda}\int\left(hy\,dy - \frac{1}{2R}y^3dy\right)$

ou
$$Q\delta = \alpha l \frac{\varpi}{\lambda}\left(\frac{1}{2}h\eta^2 - \frac{1}{8}\frac{y^4}{R}\right).$$

L'élimination de Q entre ces deux équations donne

$$\delta = \frac{1}{2}\eta \frac{h - \frac{1}{4}\frac{\eta^2}{R}}{h - \frac{1}{6}\frac{\eta^2}{R}};$$

ou bien, en mettant pour η sa valeur $\sqrt{2Rh}$,

$$Q = \frac{2}{3}\alpha l \frac{\varpi}{\lambda} h\sqrt{2Rh},$$

$$\delta = \frac{3}{8}\eta;$$

et à cause de $T = \rho \frac{Q}{R}$ (article 52),

$$T = \frac{3}{8}\eta\frac{Q}{R}, \qquad ff(R) = \frac{3}{8}\eta\frac{1}{R}.$$

70. Supposons que le corps soit sans élasticité, et que le frottement de roulement ne consiste qu'à enfoncer le triangle mixtiligne Hbb' (*fig.* 20) dans la masse du corps, lorsque la roue avance en roulant, d'une petite quantité $HH' = i$.

L'équation de l'arc Hb est $x = \frac{y^3}{2R}$, celle de l'arc $H'b'$ est $x' = \frac{(y-i)^2}{2R}$, ou bien $x' = \frac{y'^2 - 2y'i}{2R}$, puisqu'on peut négliger le carré de i. Soit μ la force qu'il faut employer en chaque point pour enfoncer l'élément du triangle rectiligne Hbb'. L'élément qui est en un point quelconque β a une section horizontale ldy, une hauteur $x - x' = \frac{y^2}{2R} - \frac{y^2 - 2yi}{2R} = \frac{i}{R}y$. La force μ peut être considérée comme étant la même en chaque point; car, si les éléments à enfoncer ont d'autant plus de hauteur qu'ils sont plus éloignés de la verticale HC, ils sont en même temps d'autant plus faciles à enfoncer. La force à employer au point β sera donc $\alpha ldy \times (x - x')\mu$, et on aura $Q = \int \alpha ldy \times (x - x')\mu = \alpha l\mu \int \frac{i}{R} ydy$, ou

$$Q = \frac{1}{2}\alpha l\mu i \frac{\eta^2}{R}.$$

On aura $Q\delta = \int \alpha l\mu (x - x')dy \times y = \alpha l\mu \int \frac{i}{R} y^2 dy$, ou

$$Q\delta = \frac{1}{3}\alpha l\mu i \frac{\eta^3}{R};$$

et par conséquent,

$$\delta = \tfrac{2}{3}\eta.$$

$$\mathrm{T} = \tfrac{2}{3}\eta\,\frac{\mathrm{Q}}{\mathrm{R}}, \qquad ff(\mathrm{R}) = \tfrac{2}{3}\eta\,\frac{1}{\mathrm{R}}.$$

71. Dans ces formules, comme dans les autres, la valeur du frottement de roulement est exprimée par le produit $m\,\frac{\mathrm{Q}}{\mathrm{R}}$, m étant un coefficient très-petit qui dépend de la nature des corps en contact. Il faut donc avouer que toutes les hypothèses que nous avons faites pour déterminer ce coefficient m, ne conduisent à d'autres résultats que celui de la théorie de l'article 54, qui nous a donné $\mathrm{T} = \delta\,\frac{\mathrm{Q}}{\mathrm{R}}$. Il y a toutefois cette différence, c'est que les hypothèses dont il s'agit ont déterminé la valeur de δ en fonctions de la corde ou de la flèche de l'enfoncement; or, comme ces deux quantités sont liées entre elles par l'équation

$$\eta = \sqrt{2\mathrm{R}h},$$

elles ont produit des valeurs qui paraissent à la première vue fort différentes entre elles. Par exemple, dans l'hypothèse de l'article 69, on a

$$\delta = \sqrt{\tfrac{1}{2}h} \times \sqrt{\mathrm{R}}, \quad \mathrm{T} = \frac{2\sqrt{2h}}{3} \times \frac{\mathrm{Q}}{\sqrt{\mathrm{R}}}, \quad ff(\mathrm{R}) = \sqrt{\tfrac{1}{2}h} \times \frac{1}{\sqrt{\mathrm{R}}}.$$

Dans l'hypothèse de l'article 70, on a

$$\delta = \tfrac{2}{3}\sqrt{2h} \times \sqrt{\mathrm{R}}, \quad \mathrm{T} = \tfrac{2}{3}\sqrt{2h} \times \frac{\mathrm{Q}}{\sqrt{\mathrm{R}}}, \quad ff(\mathrm{R}) = \tfrac{2}{3}\sqrt{2h} \times \frac{1}{\sqrt{\mathrm{R}}}.$$

Quant aux quatre hypothèses que nous avons présentées, nous devons faire remarquer que la troisième, celle de l'art. 69, nous paraît la meilleure, parce qu'elle a l'avantage d'être fondée sur des propriétés bien connues de l'élasticité des corps, tandis que les trois autres ont recours, pour exprimer la réaction des molécules pressées, à des surfaces dont la force et l'étendue ne sont déterminées par aucun motif.

72. Une autre hypothèse que nous avons admise dans tous nos calculs, et même dans ceux de l'article 69, c'est que la flèche de l'enfoncement du cylindre ou de la roue est assez petite pour que l'on puisse en négliger le carré. Mais n'y a-t-il pas des circonstances où l'on ne saurait négliger ce carré sans commettre de grandes erreurs ? C'est ce que nous allons examiner.

Supposons qu'une roue d'un diamètre $2R = 1^m$ s'enfonce de $h = 0^m,001$. Les formules de l'art. 69 donneront $\eta = 0,031624$ $\delta = \frac{3}{8}\eta = 0,011858$ $ff(R) = \frac{\delta}{R} = 0,023717$.

Supposons maintenant qu'on doive calculer tous les nombres jusqu'à la sixième décimale. Cette approximation n'est pas trop grande, car les valeurs de $ff(R)$ étant moindre de 0,005, elles n'auront que quatre chiffres significatifs. Le carré de 0,001 étant 0,000001, on ne pourra plus négliger x^2 dans l'équation $y^2 = 2Rx - x^2$; la valeur de $h = 0,001$ donnera $\eta = 0,031607$, et au lieu des formules de l'article 69, il faudra employer les suivantes, qu'on obtient en substituant $x = R - \sqrt{(R^2 - y^2)}$ au lieu de $x = \frac{y}{2R}$;

$$Q = \alpha l \int_{\lambda}^{\varpi} [h - R + \sqrt{(R^2 - y^2)}]dy,$$

$$Q\delta = \alpha l \int_{\lambda}^{\varpi} [h - R + \sqrt{(R^2 - y^2)}]dy,$$

$$\delta = \frac{\int [(h - R)y + y\sqrt{(R^2 - y^2)}]\,dy}{\int [h - R + \sqrt{(R^2 - y^2)}]\,dy}.$$

Il faut remarquer que, dans le même système d'approximation, on ne peut plus négliger la valeur de i de l'équation $T(R - i) = Q\delta$ (article 54). En effet, cette valeur est donnée par l'équation $i^2 - 2Ri + \delta^2$, ou $i = R - \sqrt{(R^2 - \delta^2)}$, et dans le cas de $R = 0,5$ $\delta = 0,011858$, elle devient $i = 0,5 - 0,449860 = 0,000140$. Ainsi, au lieu de la formule très-simple $T = \delta \frac{Q}{R}$, il faudra prendre la formule plus compliquée

$$T = \frac{\delta}{\sqrt{(R^2 + \delta^2)}} Q.$$

Nous devons conclure de ces résultats que les théories exposées dans les articles précédents, sur le frottement de roulement, ne peuvent s'appliquer que dans les cas où la flèche h de l'enfoncement de la roue est assez petite pour qu'on puisse en négliger le carré sans erreur sensible. Or, c'est ce qui arrive lorsque les mobiles ont peu de poids, comme ceux que nous employons dans nos expériences, ou lorsque les corps pressés sont très-durs, comme les rails des chemins de fer ; et c'est ce qui n'a pas lieu ordinairement pour les voitures qui parcourent les accottements et les chaussées des routes.

73. Nous avons trouvé, pour l'expression de la charge Q d'une roue, en fonctions de quantités qui dépendent de la nature du terrain (article 69), $Q = \frac{2}{3} \alpha l \frac{\varpi}{\lambda} h \sqrt{2Rh}$. Pour une autre roue d'un rayon R' et d'un poids Q' qui produit une impression d'une profondeur h' dans le même terrain, on aura $Q' = \frac{2}{3} \alpha l \frac{\varpi}{\lambda} h' \sqrt{2R'h'}$, et, par conséquent,

$$Q' = Q \frac{h' \sqrt{R'h'}}{h \sqrt{Rh}};$$

et dans le cas où les profondeurs h et h' sont les mêmes,

$$Q' = Q \sqrt{\frac{R'}{R}}.$$

La force de tirage de la première roue est $T = \delta \frac{Q}{R}$ (article 14), celle de la seconde $T' = \delta \frac{Q'}{Q}$, on aura donc $T' = T \frac{R'Q}{RQ'}$, et en mettant pour $\frac{Q'}{Q}$ sa valeur $\sqrt{\frac{R'}{R}}$,

$$T' = T \sqrt{\frac{R}{R'}}.$$

Par exemple : Pour $2R = 1^m$ $2R' = 2^m$ $h' = h$, on aura $Q' = 1,414Q$ $T' = 0,707T$. Ainsi, lorsqu'on double le diamètre d'une roue, on ne peut augmenter la charge que de 0,4 ou de $\frac{2}{5}$, si l'on veut que la profondeur de son impression ne soit pas plus grande que celle de la première roue ; le tirage n'est diminué, dans ce cas, que de 0,293 ou moins de $\frac{1}{3}$.

74. Dans les mémoires qu'on a publiés en 1841 sur le tirage des voitures (*), on voit que M. Emmery a considéré quatre circonstances principales : 1° l'influence des diamètres des roues qu'il place en première ligne ; 2° la largeur des jantes ; 3° la vitesse au trot ou au pas ; 4° la suspension ou la non-suspension. Il a proposé d'offrir des primes aux grands diamètres. Les petites roues des chariots ayant $1^m,00$ à $1^m,50$ de diamètre, et les grandes des charrettes ayant $1^m,667$ à $2^m,155$, il accordait aux voitures à deux roues une charge de $125^{k.g}$ par zone de $0^m,01$ de largeur de bande, lorsque les roues avaient $1^m,667$ de diamètre ; aux voitures à quatre roues une charge de $125^{k.g}$ aux roues de derrière de $1^m,667$, et une charge de $75^{k.g}$ aux roues de devant de $1^m,00$; puis il ajoutait $12^{k.g},50$ par zone pour chaque augmentation de $0^m,166$ du diamètre des roues. Ces valeurs étant substituées dans les formules de l'article 73, on a, pour les plus grandes roues des charrettes, $2R' = 1,667 + 3 \times 0,166 = 2^m,165$, $Q' = 125 \times \sqrt{\frac{2,165}{1,667}} = 142^{k.g},453$, au lieu de $125 + 3 \times 12,50 = 162^{k.g},50$. Ainsi, le tarif de M. Emmery donne une charge trop grande aux roues qui ont plus de $1^m,667$ de diamètre.

On avait proposé d'autres tarifs. Dans l'un on donnait un poids de $137^{k.g},50$ par zone de $0^m,01$ pour les voitures à deux

(*) Recherches sur les principes qui paraissent devoir former la base d'une nouvelle législation pour la police du roulage. *Annales des Ponts et Chaussées*, deuxième semestre, 1841.

roues ayant des roues au-dessous de $2^m,00$ de diamètre, et un poids de $150^{k.g}$, lorsque les roues avaient $2^m,00$ et plus. Dans ce cas, le poids de $137^{k.g},50$ appartenait à la roue $2R = 2\left(\frac{137,50}{159,10}\right)^2 = 1^m,680$; les autres roues d'un plus petit diamètre étaient trop chargées ; en effet, pour celles de $1^m,00$ et de $1^m,50$, on aurait $Q' = 150\sqrt{\frac{1}{2}} = 106^{k.g},066$, $Q'' = 150\sqrt{\frac{1,50}{2}} = 129^{k.g},904$.

Les plus grands diamètres en usage varient de $1^m,80$ à $1^m,90$ pour les charrettes, de $1^m,60$ à $1^m,80$ pour les trains de derrière des chariots. Un autre tarif, de 1843, admettait ces limites et prenait pour point de départ les roues à bandes de $0^m,07$ de largeur, donnait aux charrettes une charge de $2000^{k.g}$, ou de 142,857 par zone de $0^m,01$, augmentait de $150^{k.g}$ par zone de $0^m,01$ ajoutée à la première de $0^m,07$, et enfin accordait une charge supplémentaire de $200^{k.g}$, lorsque le diamètre avait plus de $1^m,85$. Ainsi, pour les roues de $2^m,00$ de diamètre, $0^m,10$ de largeur de bandes, la formule aurait donné $Q' = \frac{1450}{10}\sqrt{\frac{2,00}{1,85}} = 150.076$, et le tarif $\frac{2900 + 200}{20} = 155^{k.g}$.

75. Nous avons trouvé plusieurs formules qui peuvent servir à déterminer, par les données de l'expérience, la valeur de la quantité $ff(R)$. Les expériences les plus faciles à faire en petit étant celles des cylindres qui roulent sur des surfaces cylindriques, nous avons formé une surface de ce genre, au moyen d'une règle en poirier ayant $0^m,002$ d'épaisseur, $0^m,063$ de largeur, posée sur deux appuis rectilignes et horizontaux, parallèles entre eux, ayant 0,0365 de hauteur, et distants l'un de l'autre de $0^m,720$. L'appareil était posé horizontalement et solidement La règle était divisée sur l'un de ses bords en cen-

timètres et millimètres, à partir du point le plus bas qui se trouvait à $0^{m},360$ de chaque appui.

La courbe directrice ainsi formée est une élastique. Nous l'avons dessinée sur un plan vertical, en suivant avec la pointe d'un crayon le bord de la surface, et nous l'avons rapportée sur la figure 21. La première branche est tracée en ligne pleine; la seconde est tracée sur le plan de la première en ligne ponctuée; on voit qu'elle diffère un peu de la première. Nous avons dessiné sur la même figure l'arc de cercle et l'arc de parabole, qui ont la même corde $0^{m},720$ et la même flèche $0^{m},0365$ que la courbe élastique. Le premier arc est plus concave que l'arc élastique; le second se confond avec l'arc de cercle sur plus de la moitié de la longueur, à partir du sommet, et il est un peu moins concave en s'élevant vers le point d'appui. L'arc élastique diffère très-peu de l'arc hyperbolique, qui a même corde et même flèche.

En supposant que la courbe directrice est une parabole, son équation sera $x^2 = ay$, le sommet étant l'origine des abscisses x horizontales et des ordonnées y verticales, $a = 3^{m},5506850$.

Nous avons fait osciller des cylindres de verre, de cormier et de laiton. Pour peu que les cylindres ne soient pas posés horizontalement ou qu'ils aient quelques défauts sur leurs surfaces, ils roulent obliquement et sortent de la surface. Les dernières oscillations sont assez souvent irrégulières. Les mobiles au moment du repos éprouvent des balancements; ils ne s'arrêtent pas toujours exactement au point le plus bas. Il ne faut donc mesurer qu'un petit nombre d'oscillations; quatre, six ou huit, surtout quand les solides sont légers.

Il ne faut employer les cylindres creux, et même les cylindres pleins, que lorsqu'on s'est assuré que leur centre de gravité est exactement sur leur axe. Cette vérification est facile en les faisant rouler sur un plan horizontal. S'ils sont défectueux, au lieu de rouler en se développant, ils feront des oscillations plus ou moins étendues.

76. Voici les résultats principaux d'un grand nombre d'expériences.

Les oscillations sont isochrones. Leurs amplitudes diminuent rapidement. Les valeurs de *ff*, que l'on déduit des données de l'expérience, ne sont constantes, ni lorsqu'on suppose $(R) = \frac{1}{R}$, ni lorsqu'on suppose $(R) = \frac{1}{\sqrt{R}}$. Les cylindres de plus grands rayons font des oscillations plus grandes.

77. Nous avons mesuré un grand nombre de fois les oscillations produites par des cylindres de natures différentes et de rayons différents, roulant sur des surfaces cylindriques de natures différentes, et nous les avons toujours trouvées exactement isochrones. Les plus grandes de ces oscillations étaient de $0^m,40$ dans la plupart des expériences, de $1^m,00$ dans quelques-unes, et les plus petites de $0^m,15$.

Ainsi; la formule de l'article 43 se trouve démontrée par l'expérience et les courbes que nous avons employées peuvent être considérées comme des courbes tautochrones pour tous les cylindres qui ont roulé dessus.

78. Si les autres résultats du § 4 étaient aussi complétement conformes à ceux de l'expérience, il en résulterait que le frottement de roulement est proportionnel à la pression et indépendant de la longueur du contact, puisqu'ils ont été déduits d'équations que nous avons formées en admettant ces propriétés (art. 22).

La quantité $ff(R)$ étant constante et indépendante de la hauteur η_0 η_1 η_2, etc. des points de départ de chaque oscillation (art. 44), on doit en conclure que le frottement de roulement est indépendant de la vitesse, du moins, dans les limites que nous avons admises pour ρ et $\sigma_{,,}$.

79. On pourrait croire à la première vue des expériences que la différence des amplitudes est constante, mais c'est en effet la différence des projections horizontales de ces amplitudes, différence qui est d'ailleurs à peu de chose près la même que la première.

Il suit de la même propriété, ou $\xi_0 - \xi_1 = 2\rho ff(R)$, $\xi_1 - \xi_2 = 2\rho ff(R)$, etc. (art. 44), que la quantité $ff(R)$ sera la même pour le même mobile, sur toutes les courbes directrices de même nature dont les rayons de courbure ρ de l'arc σ_0 seront assez grands pour qu'on puisse négliger le carré de η_0 par rapport à ρ. On peut donc substituer au cercle ou à la parabole une autre courbe qui soit équivalente sur la longueur σ_0. De là résulte un moyen de construire avec une grande facilité des surfaces directrices de différentes natures. En effet, si vous mettez une lame mince sur deux appuis convenablement espacés, vous obtiendrez de suite une courbe élastique dont les arcs σ_0, à compter du sommet, seront équivalents à ceux des arcs d'une parabole dont le paramètre est 2ρ ; ou à ceux d'un cercle dont le rayon est ρ.

80. On a, en retranchant les unes des autres, les équations de l'article 44,

$$\xi_0 - 2\xi_1 + \xi_2 = 0,$$
$$\xi_1 - 2\xi_2 + \xi_3 = 0,$$
$$\xi_2 - 2\xi_3 + \xi_4 = 0,$$
etc.

Ces formules donnent le moyen de déduire les données d'une position quelconque du cylindre de celles qui appartiennent aux positions qui précèdent et qui suivent immédiatement ; ce qui facilite beaucoup les expériences et les observations, parce que l'observateur n'ayant à s'occuper que des faits qui se passent à l'une des extrémités de son appareil, peut se placer du côté qui est le mieux éclairé ou le plus voisin des objets et des instruments qu'il doit employer. Par exemple : s'il a déterminé les arcs s_0, s_1

s_4, etc., ce qui lui donne ξ_0 ξ_2 ξ_4, etc., il aura exactement

$$\xi_1 = \tfrac{1}{2}(\xi_0 + \xi_2),$$
$$\xi_3 = \tfrac{1}{2}(\xi_2 + \xi_4),$$
etc.

81. La figure 22 indique les oscillations successives d'un cercle dont le rayon $C_0M_0 = R$ sur un cercle ADB dont le rayon est $OD = \rho + R$. Il part du point M_0, descend et remonte en roulant, mais au lieu d'aller jusqu'au point B de l'arc DB $= DM_0$, il n'atteint que le point M_1 et rétrograde, de sorte que, dans sa première oscillation $M_0DM_1 = s_0 + s_1$, son parcours est diminué de l'arc $M_1B = s_0 - s_1$. Dans sa deuxième oscillation, il éprouve une autre diminution $s_1 - s_2$, dans sa troisième $s_2 - s_3$, et ainsi de suite. Le centre du mobile part du point C_0 qui est sur la normale de la directrice au point M_0, on a $SC_0 = \sigma = \rho\varepsilon_0$, $SN_0 = \xi_0$; à la fin de la première oscillation, le centre est au point C_1 sur la normale au point M_1; on a, abstraction faite des signes $SC_1 = \sigma_1 = \rho\varepsilon_1$, $SN_1 = \xi_1$. Si l'on prend l'arc $Sc_1 = s_0$ et que le point n_1 soit la projection horizontale de c_1, on aura $Sn_1 = \xi_0$, la projection horizontale de l'arc C_1 c_1 sera $N_1n_1 = \xi_0 - \xi_1 = 2ff(R)$. Dans la seconde oscillation, le centre n'ira pas jusqu'au point c_2 pour lequel $Sc_2 = \sigma_1 Sn_1 = \xi_1$, mais au point C_2 et on aura $SC_2 = \sigma_2 SN_2 = \xi_2 N_2n_2 = \xi_1 - \xi_2$, et d'après les formules de l'article 44, $\xi_1 - \xi_2 = 2\rho ff(R) = N_1n_1$. Dans la troisième oscillation, le centre s'arrêtera en C_3 et on aura $N_3n_3 = \xi_2 - \xi_3 = 2\rho ff(R) = N\,n_1$. Et ainsi de suite.

On voit, par cet exemple, où la cinquième oscillation s'arrête au point C_5, que passé un certain nombre d'oscillations, la loi $\xi - \xi_n = 2ff(R)$ ne peut plus avoir lieu; le mobile fait encore quelques oscillations qui suivent une autre loi et s'arrête enfin au point D qui est le plus bas de ceux de la courbe directrice.

Dans chacune des oscillations, le point M_0 du mobile décrit des arcs de courbe qui appartiennent à la même épicycloïde.

La construction que nous venons de donner des formules (B) et (C) de l'article 44 satisfait aux formules (D) du même article. Les vitesses u_1 u_2 u_3 u_4 u_5 forment une suite décroissante, et les facteurs ξ_1 $2\xi_1 - \xi_0$ $\frac{1}{2}(3\xi_2 - \xi_0)$ $\frac{1}{3}(4\xi_3 - \xi_0)$ $\frac{1}{4}(5\xi_4 - \xi_0)$ peuvent être facilement mesurés au compas ; dans l'équation $u^2_6 = \frac{g}{\rho} \frac{1}{5} \xi_5 (6\xi_5 - \xi_0)$, on a $\xi_5 = SC_5$, $6\xi_5 < \xi_0$, et u_6 est imaginaire.

La même figure 22 indique les oscillations d'un autre cercle dont le rayon $C_0'M_0 = R' > R$, et qui part du même point M_0 que le premier. La hauteur de chute, ou la différence de niveau des points C_0' et S' est moindre que celle des points C_0 et S, et la vitesse du second mobile au point S' doit être plus petite que la vitesse du premier mobile au point S ; mais comme le second mobile a un plus grand rayon, il va, ainsi que l'expérience le prouve, jusqu'en M_1' au delà de M_1.

Puisque $\sin \varepsilon_1' > \sin \varepsilon$, il résulte de l'équation (F) de l'art. 44, que la fonction (R) est plus grande que la fonction $(R)_1$.

Il ne nous reste plus, maintenant, qu'à vérifier si la loi déduite des équations (B) est confirmée par l'expérience.

82. Les tableaux qui renferment les résultats de nos observations indiquent que les différences successives des oscillations sont constantes ; mais comme il est fastidieux de copier, d'examiner et de discuter un grand nombre de chiffres, nous avons cherché à substituer à ces tableaux des constructions qui présentent immédiatement à la vue les conséquences que nous cherchons.

Nous indiquons les amplitudes des oscillations successives par des lignes droites en zig-zags dont les pointes sont à $0^m,0025$ au-dessus les unes des autres, et à des distances de l'axe vertical, égales aux arcs s_0 s_1 s_2 s_3 s_4, etc. inscrits dans les tableaux. Les fig. 23 et 24 montrent plusieurs de ces constructions. Comme nous n'avons observé que les oscillations s_0 s_7

s_4, etc., la position des pointes impaires a été déterminée d'après celle des premières, au moyen des formules de l'art. 80. Dans chaque zig-zag, les pointes d'un même côté sont sensiblement en lignes droites, et elles le seraient, en effet, si l'on corrigeait les erreurs qu'on ne peut éviter dans les expériences dont il s'agit et que l'ensemble des observations fait reconnaître aisément.

Pour ne laisser aucune incertitude sur la loi que nous voulons démontrer, nous avons formé une surface cylindrique avec une planche de peuplier de 2^m,30 de longueur; nous avons fait rouler dessus nos cylindres de diamètres différents, et nous avons formé de nouveaux tableaux dont les fig. 25 indiquent plusieurs lignes. La section transversale de la surface cylindrique ayant 0^m,15 de flèche, on pourrait objecter qu'on ne peut pas supprimer les termes x^2 dans l'équation de cette courbe; mais la fig. 26, qui a été construite sur le profil même de la surface, fait voir que le zig-zag qui appartient au cylindre d'acier n° 3, satisfait encore mieux à la loi générale que lorsqu'on suppose, comme dans la fig. 25, que les arcs $s_0\ s_2\ \overline{s_4}$ etc. sont développés en lignes droites.

La fig. 27 offre la même construction pour la courbe d'acier et pour le cylindre d'acier n° 3. Nous avons observé les oscillations jusqu'au point où le cylindre est resté sans mouvement. Ce point est toujours incertain; cependant l'ensemble des pointes du rang pair se trouvent sensiblement en ligne droite.

Dans toutes ces figures, il semblerait que les droites qui paraissent se rapprocher du plus grand nombre de points passent, pour chaque cylindre, un peu en avant de la pointe s_0. Toutefois, cette circonstance n'a pas lieu dans la fig. 26, ou du moins si elle existe, elle y est beaucoup moins sensible que dans les fig. 25.

§ 9. *Application des formules aux données de l'expérience.*

83. Le coefficient du frottement de glissement est déterminé par la formule $f = \text{tang}\,\varepsilon$ de l'art. 35.

Nous avons fait un plan incliné avec une règle en bois, épaisse, posée sur deux appuis horizontaux et parallèles ; le premier, posé sur un plan, était mobile et dépendait d'une vis horizontale ; le second était une traverse fixée à une certaine hauteur. La base était plane, et on la rendait horizontale au moyen de cales et d'un niveau à bulle d'air. En tournant la vis, on faisait varier l'inclinaison sans secousse et aussi peu qu'on le voulait. On a mis successivement, sur le plan incliné, des règles de différentes natures, et, sur les règles, des corps de formes et de natures différentes. Pour déterminer l'inclinaison du plan incliné, on en dessinait le profil en long sur une feuille de carton qu'on tenait verticalement près du plan, et dont le bord inférieur reposait sur la base de l'appareil. On mesurait ensuite aisément la droite verticale qui servait à déterminer la valeur de $\text{tang}\,\varepsilon$.

Les cylindres en étain, creux et pleins, ont été posés dans deux positions différentes, en long et debout. Il n'était pas difficile de les mettre dans la première position où ils étaient tangents au plan incliné, et il suffisait de leur donner un léger mouvement d'oscillation pour déterminer le mouvement de translation. A l'inclinaison $\text{tang}\,\varepsilon = 0{,}01725$, quelques-uns se sont mis en mouvement et se sont arrêtés ensuite. A l'inclinaison $\text{tang}\,\varepsilon = 0{,}02125$, tous se sont mis en mouvement, les uns plus lentement que les autres ; quelques-uns se sont arrêtés un instant et ont continué ensuite à descendre jusqu'au pied du plan incliné. Lorsqu'on met plusieurs cylindres debout, il y a des instants où ils restent parallèles entre eux, et d'autres où les uns vont plus vite que les autres ; quelquefois ils éprouvent un mouvement de rotation de plusieurs degrés. Lorsqu'on met plusieurs cylindres creux les uns dans les autres, il y a des instants où ils descendent sans se toucher; quelquefois ils se séparent après s'être touchés du côté qu'ils descendent ou du côté opposé. En général, les plus pesants, une fois en mouvement, s'arrêtent moins et ont un mouvement plus continu que les plus légers. Cela vient, sans doute, de ce qu'ils surmontent plus facilement les obstacles inaperçus qui arrêtent ou retardent les corps plus légers, ou qui leur impriment un petit mouvement de rotation. Il paraît aussi que les cylindres métalliques polis sur le tour descendent sous une inclinaison un peu moindre que lorsqu'ils sont placés debout.

Voici le tableau des coefficients que nous avons trouvés pour différents corps.

NATURE DES MOBILES.	NATURE DES PLANS INCLINÉS.						
	ACIER.	FER.	CUIVRE.	LAITON.	ZINC.	BOIS.	VERRE.
Acier	0,1730	0,1985	0,2447	0,2352	0,2230	0,2115	0,1530
Fer	0,1985	0,1610	0,2492	0,2225	0,1820	0,2195	»
Cuivre	0,2447	0,2492	0.2955	0.2830	0,2910	0,2425	»
Laiton	0,2352	0,2225	0,2830	0,2740	0,2980	0,2617	0,1682
Étain	0.1600	0,2020	0,3095	0,2645	0,2705	0,2530	0,1505
Plomb	0,1740	0,1851	0,3175	0,2620	»	0.2475	0,1690
Zinc	0,2230	0,1820	0,2910	»	»	0,2180	»
Bois de poirier lisse	0,2115	0,2195	»	0,2617	»	0,2175	0.2145
Bois de mérisier lisse	0.2115	0,2195	»	0,2617	»	0.2175	0,2145
Bois de sapin	0,2120	0,2195	»	0,2700	»	0,2220	0,2145
Verre poli en long	0,1735	0.2020	»	0,1682	»	0,2145	0,1690
Cuir verni	0.2170	0,2440	»	0,3700	»	0,3060	0,3480
Cuir tanné, côté de la chair	0,2690	0,3475	»	0,4900	»	0,4100	0.4065

Les plans inclinés métalliques étaient planés dans le sens de leur longueur; le plan incliné en bois était en poirier lisse; le dernier plan était en verre de glace. On a pris l'inclinaison des plans au moment où les corps descendaient sensiblement avec la même vitesse, estimée à la vue.

85. On ne peut pas employer le plan incliné pour déterminer la valeur de la quantité $ff(R)$ du frottement de roulement (art. 35), parce que les expériences exigeraient une trop grande précision. Il serait difficile de reconnaître l'inclinaison qui ferait

naître le mouvement de roulement du cylindre, et ensuite on ne pourrait mesurer exactement cette faible inclinaison.

86. On ne peut pas appliquer, dans les expériences en petit, la force de tirage appliquée à l'arc du cylindre. Dans les expériences en grand, il faut recourir à un essieu et à des coussinets, ce qui ajoute des frottements nouveaux à ceux que l'on veut mesurer. On évite ces difficultés en chargeant deux cylindres d'un plateau, et en appliquant la force de traction à l'un des bouts du plateau (*fig.* 28).

Soient R et Q le rayon et le poids des cylindres posés à une distance a l'un de l'autre, sur un plan horizontal; P le poids et la charge du plateau. La pression du plateau sur chaque cylyndre est $\frac{1}{2}P$, la pression de chaque cylindre sur le plan est $\frac{1}{2}P+Q$. Ainsi, l'équation d'équilibre entre la force de traction T et la résistance du frottement de roulement est $T=2ff(R)(\frac{1}{2}P+Q)+2ff(R)(P+Q)$, ou

$$T=2ff(R)(P+Q).$$

On ne peut employer cette formule à la recherche de la valeur de $ff(R)$, parce que les expériences exigeraient une grande perfection dans l'appareil, une grande précision dans les opérations, et parce que, dans les expériences en petit, on ne peut faire usage du dynamomètre.

87. Il serait facile d'éviter l'emploi du dynamomètre, en prenant deux cylindres de diamètres différents, et en augmentant la charge du plateau jusqu'à l'instant où le plateau et les cylindres commencent à se mouvoir (*fig.* 29).

Soient P la charge qui fait naître le mouvement, R et R′ les rayons des cylindres, $R' > R$, a la distance entre les rayons verticaux des cylindres, ε l'angle que le plateau fait avec l'horizon. On aura

$$\tang \tfrac{1}{2}\varepsilon = \frac{R'-R}{a},$$

$$T = P \sin\varepsilon,$$

$$T = ff(R)(P + P\cos\varepsilon + Q + Q');$$

d'où l'on tire

$$ff(R) = \frac{P\sin\varepsilon}{P(1+\cos\varepsilon)+Q+Q'}.$$

L'angle ε étant très-petit, on peut faire $\cos\varepsilon = 1$ $\varepsilon = \frac{2}{a}(R'-R)$,
t on aura

$$ff(R) = \frac{2}{a}\cdot\frac{P(R'-R)}{2P+Q+Q'}.$$

On ne peut guère faire usage de cette formule, parce que les expériences exigent des précautions trop minutieuses, et qu'elles laissent beaucoup d'incertitudes sur la valeur de P qu'il faut employer dans les calculs.

88. Application de la formule $ff(R) = \frac{h}{b+x_1}$ de l'article 37.

Nous avons fait rouler des cylindres d'étain et des sphères d'ivoire sur une table horizontale recouverte d'un tapis vert comme les tables de billard. Nous avons imprimé la vitesse au moyen d'un petit plan incliné composé d'une lame d'acier très-mince, dont le dessus formait une courbe concave tangente au tapis, de sorte que les mobiles n'éprouvaient ni chute, ni choc, en passant du plan incliné sur le tapis. Voici le tableau des données des expériences et des résultats des calculs.

Nous avons calculé les valeurs de ff en supposant $(R) = \frac{1}{R}$ et $(R) = \frac{1}{\sqrt{R}}$.

Nommons z et z' les valeurs de $ff(R)$ et $ff'(R')$ données par l'expérience pour les cylindres dont les rayons sont R et R', et y' la valeur de $ff(R')$ pour le cylindre dont le rayon est R', lorsqu'on donne à la fonction (R) une expression particulière. On aura

$$z = ff(\text{R}) \qquad z' = ff(\text{R}') \qquad y' = ff(\text{R}'),$$

et en éliminant ff entre la première et la troisième,

$$y' = z\frac{(\text{R}')}{(\text{R})}.$$

La différence des quantités z' et y' indiquera l'erreur qui résultera de l'hypothèse qu'on aura faite.

Supposons successivement $(\text{R}) = \frac{1}{\text{R}}$ $(\text{R}) = \frac{1}{\sqrt{\text{R}}}$, et par conséquent $(\text{R}') = \frac{1}{\text{R}'}$ $(\text{R}') = \frac{1}{\sqrt{\text{R}'}}$, nous aurons $y' = z\frac{\text{R}}{\text{R}'}$ $y' = z\sqrt{\frac{\text{R}}{\text{R}'}}$. Nous avons calculé les valeurs de y'.

Numéros des expériences.	NATURE et Forme des Mobiles.	RAYON R.	POIDS Q.	$b+x_2$.	$ff(\text{R}) = \frac{h}{b+x_2}$.	$ff(\text{R})\text{R}$.	$ff(\text{R})\sqrt{\text{R}}$.	$y' = z\frac{\text{R}}{\text{R}'}$.	$y' = z\sqrt{\frac{\text{R}}{\text{R}'}}$.
		m.	kg.	m.					
1	Cylindre d'étain.	0,0171	0,3488	1,18	0,013146	0,0002246	0,0017177	0,0169237	0,0135437
2	Id. . . .	0,0267	0,8486	1,43	0,0108388	0,0002894	0,0017711	0,0108388	0,0108388
3	Sphère d'ivoire.	0,0206	0,0655	1,29	0,0120155	0,0002476	0,0017246	0,0137467	0,0119998
4	Id. . . .	0,0270	0,1520	1,48	0,0104730	0,0002828	0,0017209	0,0104730	0,0104730
5	Cylindre d'étain.	0,0171	0,3488	2,30	0,0133044	0,0002275	0,0017397	0,0159263	0,0127455
6	Id. . . .	0,0267	0,8486	3,00	0,0102000	0,0002723	0,0016667	0,0102000	0,0102000
7	Sphère d'ivoire.	0,0206	0,0655	2,64	0,0115909	0,0002388	0,0016636	0,0135040	0,0117954
8	Id. . . .	0,0270	0,1520	2,97	0,0103030	0,0002782	0,0016029	0,0103030	0,0103030

Le plan incliné des expériences nos 1, 2, 3 et 4 avait une base $b = 0^{\text{m}},2005$ et une hauteur $h = 0^{\text{m}},0155$: celui des quatre autres donnait $b = 0^{\text{m}},1960$ $h = 0^{\text{m}},0306$. Les dernières expériences sont peut-être moins exactes que les quatre premières, parce que le tapis étant composé de deux lés sur sa longueur, la couture a sans doute altéré un peu le mouvement des mobiles à l'extrémité de leurs courses. Les mobiles étaient bien faits et polis avec soin. La plus grande sphère était la bille d'ivoire des billards. Ces billes sont parfaitement sphériques, mais elles ne sont pas homogènes ; on a la précaution de mettre leur centre sur l'axe de la dent dans laquelle on les taille, et quand cet axe est vertical, elles restent en repos sur un plan horizontal de verre poli ; mais quand on les pose dans toute autre position, elles éprouvent des roulements et des balancements.

On voit par les valeurs de ff que, si l'on s'arrête aux quatre premières décimales, les lois de Coulomb et Dupuit sont à peu près suivies ; si l'on en prend cinq, la loi de Coulomb n'est pas suivie ; celle de M. Dupuit est satisfaite par les sphères d'ivoire ; elle ne l'est pas par les cylindres d'étain. Les nombres z' se rapprochent beaucoup plus de la loi de M. Dupuit que de celle de Coulomb.

89. Nous avons fait d'autres expériences sur une lame en bois de poirier, bien lisse, posée sur un plan parfaitement horizontal d'après les indications d'un niveau à bulle d'air, assez mince pour être ployée à son extrémité de manière à former un plan incliné ayant une base $b = 0^m,200$, et une hauteur $h = 0^m,005$. Nous donnons, ci-après, le tableau des valeurs qui ont été mesurées et des valeurs de $ff(R)$ qui ont été calculées.

Soit N le nombre de tours que chaque cylindre fait en roulant sans glisser sur la longueur $b + x_2$, on aura $2\pi RN = b + x_2$, d'où

$$N = \frac{b + x^2}{2\pi R}.$$

Nous avons inséré dans le tableau les nombres N.

NATURE des Cylindres.		RAYONS R	POIDS Q.	Longueurs des Cylindres.	Longueurs parcourues $b+x_2$.	$ff(R) = \frac{0.005}{b+x_2}$.	$N = \frac{b+x_2}{2\pi R}$.
		m.	kg.	m.	m.		
Acajou	1	0,01300	0,01845	0,0502	0,65	0,0076923	7,958
	2	0,02504	0,02.70	0,0500	0,78	0,0064103	4,958
	3	0,04035	0 06785	0,0506	0,85	0,0058224	3,353
Laiton	1	0,00980	0,12740	0,0502	0 625	0,0080000	10,150
	2	0,01485	0,29100	0,0502	0,770	0,0064935	8,253
	3	0,01990	0,52250	0,0502	0,850	0,0058824	6,798
Acier	1	0,00985	0,11625	0,0491	0,810	0,0061728	13,118
	2	0,01485	0,27055	0,0502	0,880	0,0056818	9,431
	3	0,01990	0,48510	0,0502	0,890	0,0056180	7,118
Étain	1	0,0108	0,1406	0,0502	0,700	0,0071429	10,316
	2	0,0138	0,2313	0,0500	0,770	0,0064935	8,860
	3	0,0171	0,3488	0,0504	0,850	0,0058824	7,911
	4	0,0215	0,5510	0,0500	0,860	0,0058140	6,366
	5	0,0267	0,8486	0,0500	0,900	0,0055556	5,365

Le n° 1 d'acajou est un cylindre plein ; le n° 2 et le n° 3 d'acajou sont composés de deux plateaux cylindriques liés entre eux par un essieu cylindrique. Tous les cylindres métalliques sont pleins et polis au tour.

Au n° 3 d'étain, on devrait avoir $b+x_2=0{,}815$, ce qui donnerait $ff(R)=0{,}0061350$, et $N=7{,}585$.

Les figures 30 présentent par des lignes pleines les lieux des valeurs de $ff(R)$ données par l'expérience, et par des lignes ponctuées les lieux des valeurs de $z\frac{R}{R'}$, et de $z\frac{\sqrt{R}}{\sqrt{R}}$ calculées par les formules de l'article 88. Les courbes ponctuées sont au-dessus des courbes pleines, celles dont les ordonnées sont $z\frac{R}{R'}$ sont plus éloignées que les secondes $z\sqrt{\frac{R}{R'}}$. Ainsi, dans ce cas, ni la loi de Coulomb, ni celle de Dupuit ne sont satisfaites, la seconde donne des courbes plus rapprochées des courbes pleines. On voit que la courbe qui se rapproche le plus appartient aux cylindres en laiton.

90. Nous avons fait rouler nos cylindres sur des courbes en bois de poirier et de peuplier, et en acier. La première a été décrite dans l'art. 75 et donnait $\rho+R=1^m{,}7753425$. La seconde, dont il a été question dans l'art. 82, avait $2^m{,}30$ de longueur, $0^m{,}205$ de largeur, $0^m{,}005$ d'épaisseur ; elle formait une

courbe dont la corde horizontale était de $2^m,24$, la flèche de $0^m,15$, et le rayon de $4^m,2563$, de sorte que $\rho + R = 4^m,2563$.

La première courbe d'acier a été formée au moyen d'une lame d'acier de $0^m,081$ de largeur, planée en long, posée sur deux appuis de niveau dont la distance était de $0^m,950$; la flèche était de $0^m,0134$. En considérant cette courbe comme un arc de courbe, son rayon était de $8^m,41885$, ce qui donne $\rho + R = 8^m,41885$.

La seconde courbe d'acier avait une corde horizontale de $0^m,950$, comme la précédente, et une flèche de $0^m,027$; ainsi, son rayon était $\rho + R = 4,19174$.

91. On a mesuré la durée des oscillations faites par différents cylindres sur chacune de ces courbes et sur quelques autres, et nous l'avons trouvée constamment la même pour la même courbe, ainsi que nous l'avons dit ci-dessus à l'article 77. Nous comparerons maintenant les données des expériences avec celles de la formule $T = \pi\sqrt{\frac{\rho}{g}}$ de l'article 43.

Sur la courbe en bois de poirier, 4 oscillations ont été faites en 6 secondes, et 10 oscillations en 15 secondes ; ce qui donne, pour la durée d'une oscillation, $T = 1''50$. Le rayon du cylindre étant $R = 0^m,0267$, la formule donne $T_{,} = 1''33$.

Sur la courbe en bois de peuplier, les cylindres ont fait chacun 6 oscillations en $22''$; les premières oscillations partaient de $s_0 = 1^m,00$. La formule donne $T_{,,} = 2''067$ et $T_{,,} = 2''055$ pour les cylindres du plus petit et du plus grand rayon.

Sur la première courbe d'acier, le cylindre d'étain n° 1 a fait 4 oscillations en $14''$; les cylindres d'étain n°s 2 et 3 ont fait 6 oscillations en $21''$; les n°s 4 et 5, 8 en $28''$. Nous avons compté une autre fois, pour chacun des cylindres du tableau de l'art. 89, 4 oscillations en $14''$, et 8 en $28''$; ainsi $T''' = 3''50$. La formule donne $T_{,,,} = 2''909$ $T_{,,,} = 2''904$ pour les cylindres du plus petit et du plus grand rayon.

Sur la seconde courbe d'acier, nous avons eu, pour tous les cylindres, 6 oscillations en 15″, et 12 en 30, en partant de $s_0 = 0^m,40$ ou de $0^m,45$; ainsi, $T^{IV} = 2''50$. La formule donne $T_{IV} = 2''051$ $T_{IV} = 2''044$.

Il n'y a aucun intérêt, pour la détermination de la quantité $ff(R)$ du frottement de roulement, à rechercher et à exposer les causes de la différence qu'il y a entre les données de l'expérience et les résultats de la formule $T = \pi\sqrt{\frac{\rho}{g}}$.

92. Tableau des expériences faites sur les courbes d'acier.

NATURE des Cylindres.		1re courbe d'acier, $\rho = 8^m,41885$.		
		s_2	s_4	s_6
		m.	m.	m.
Acajou. .	1	0,210	0,115	»
	2	0.315	0.220	0,120
	3	0,325	0,250	0,215
Laiton. .	1	0.275	0,185	»
	2	0,320	0.260	0,205
	3	0,340	0,290	0,242
Acier. . .	1	0,320	0.250	0.190
	2	0,345	0,300	0,250
	3	0.350	0,310	0.275
Étain. . .	1	0.285	0.190	»
	2	0.305	0,220	0,145
	3	0,315	0,230	0.170
	4	0,320	0.255	0.190
	5	0,335	0,280	0,230

NATURE des Cylindres.		2e courbe d'acier, $\rho = 4^m,19174$			
		s_2	s_4	s_6	s_8
		m.	m.	m.	m.
Acajou. .	1	0,255	0.160	0,095	0,030
	2	0,320	0,255	0,195	0,140
	3	0,345	0,295	0,245	0.205
Laiton. .	1	0,300	0,215	0.145	0,085
	2	0.345	0,295	0,245	0,200
	3	0,350	0,310	0.270	0.235
Acier. . .	1	0,330	0,270	0,215	0,170
	2	0,350	0,305	0,265	0,225
	3	0,360	0,325	0,295	0,265
Étain. . .	1	0,325	0,255	0,195	0,135
	2	0,340	0,283	0,225	0,177
	3	0,345	0,295	0.250	0,205
	4	0,345	0,295	0,250	0,210
	5	0,355	0,310	0,270	0,235

Les rayons R, les poids Q et les longueurs des cylindres sont les mêmes que dans le tableau de l'article 89. Le point de départ est toujours $s_0 = 0^m,400$. Nous n'avons observé que les oscillations paires s_2 s_4 s_6, etc. Nous faisons osciller plusieurs fois chaque cylindre, et ce n'est qu'à la troisième reprise que nous observons et que nous inscrivons les amplitudes s_2 s_4 s_6, etc., parce que nous avons cru remarquer que les données des premières reprises étaient moindres que celles des suivantes. Nous inscrivons les amplitudes de quatre ou d'un plus grand nombre de reprises et nous ne portons dans le tableau que les arcs s_2 s_4

s_6, etc. qui se sont présentés le plus souvent. Les différences qu'on remarque d'une reprise à une autre viennent souvent de ce qu'on n'a pas mis exactement le cylindre à son point de départ, qu'en l'arrêtant à l'instant où il finit une oscillation pour lire le chiffre du point où il est parvenu on le dérange un peu, et qu'on le dérange encore un peu quand on lève le doigt pour le laisser partir. Les cylindres ont $0^m,05$ de longueur, et la lame a $0^m,081$ de largeur; les cylindres sont placés à peu près au milieu de la lame ou point de départ $s_0 = 0^m,40$; ainsi, ils ne peuvent guère s'écarter de $0^m,02$ sans sortir de la surface; quand il ne restent pas en entier dessus, on recommence l'expérience.

Les figures 24 représentent les expériences du premier tableau et les figures 31 celles du second.

Voici deux autres suites d'expériences qu'on a faites pour déterminer la dixième oscillation.

NATURE des Cylindres.		2e courbe d'acier, $\rho = 4^m19174$.		
		s_{10}	$s_0 - s_{10}$	$\frac{s_0 - s_{10}}{5}$
		m.	m.	m.
Acajou. .	1	0	0,400	0,0800
	2	0,117	0,283	0,0566
	3	0,190	0,210	0,0420
Laiton. .	1	0,045	0,355	0,0710
	2	0,190	0,210	0,0420
	3	0,240	0,160	0,0320
Acier. . .	1	0,160	0,240	0,0480
	2	0,250	0,150	0,0300
	3	0,280	0,120	0,0240
Étain. . .	1	0,115	0,285	0,0570
	2	0,170	0,230	0, 046
	3	0,190	0,210	0, 042
	4	0,200	0,200	0, 040
	5	0,220	0,180	0, 036

NATURE des Cylindres.		2e courbe d'acier. $\rho = 4^m19174$.		
		s_{10}	$s_0 - s_{10}$	$\frac{s_0 - s_{10}}{5}$
		m.	m.	m.
Acajou. .	1	0,400	0,400	0.0800
	2	0,120	0,280	0,0560
	3	0,210	0,190	0.0380
Laiton. .	1	0,045	0,355	0,0710
	2	0,220	0,180	0.0360
	3	0,260	0,140	0,0280
Acier. . .	1	0,200	0,200	0,0400
	2	0,270	0,130	0,0260
	3	0.290	0,110	0,0220
Étain. . .	1	0,140	0.260	0,0520
	2	0,175	0.225	0.0450
	3	0.200	0.200	0,0400
	4	0,210	0,190	0.0380
	5	0,235	0.165	0,0330

Les différences $\frac{1}{5}(s_0 - s_{10})$ les plus grandes se rapprochent le plus des données précédentes et celles qui ont été indiquées par des constructions en zigzags.

Nous avons fait d'autres expériences pour déterminer les seizièmes oscillations, et nous avons reconnu qu'il y avait une légère diminution dans les différences des amplitudes des oscillations successives de s_{10} à s_{16}.

93. Tableau des expériences faites sur la courbe en bois de peuplier.

NATURE des Cylindres.		s_0	s_2	s_4	s_6	s_8
		m.	m.	m.	m.	m.
Acajou. . .	1	1,060	0,640	0,365	0,210	0,100
	2	»	0,740	0,550	0,400	0,280
	3	»	0,840	0,710	0,580	0,470
Laiton. . .	1	»	0,735	0,505	0,300	0,145
	2	»	0,790	0,602	0,410	0,245
	3	»	0,825	0,665	0,500	0,350
Acier. . .	1	»	0,780	0,575	0,405	0,270
	2	»	0,840	0,692	0,505	0,425
	3	»	0,850	0,720	0,585	0,450
Étain. . .	1	»	0,785	0,595	0,420	0,285
	2	»	0,830	0,670	0,530	0,395
	3	»	0,845	0,720	0,650	0,485
	4	»	0,862	0,750	0,630	0,515
	5	»	0,870	0,760	0,650	0,535

La longueur de la courbe était de $2 \times (1^m,133)$; on l'a divisée en centimètres à partir du sommet. On a tracé au crayon l'axe de la planche et deux autres lignes à une distance de $0^m,05$ de cet axe. On recommençait les expériences lorsque les mobiles sortaient de plus de la moitié de leur longueur de cette zone de $0^m,01$ de largeur. Les figures 25 indiquent par des constructions en zigzags plusieurs des expériences du tableau précédent

94. On voit aisément ((*fig.* 22 et 26) que

$$s_0 = (\rho + R)\varepsilon_0 \quad s_2 = (\rho + R)\varepsilon_2 \quad \xi_0 = \rho \sin\varepsilon_0 \quad \xi_2 = \rho \sin\varepsilon_2$$
$$s_0' = (\rho' + R')\varepsilon_0' \quad s_2' = (\rho' + R')\varepsilon_2' \quad \xi_0' = \rho \sin\varepsilon_0' \quad \xi_2' = \rho \sin\varepsilon_2'$$
$$\rho + R = \rho' + R'.$$

On a (article 44)

$$\xi_0 - \xi_2 = 4\rho ff(R),$$
$$\xi_0' - \xi_2' = 4\rho' ff(R'),$$

ou bien

$$\sin\frac{s_0}{\rho+R} - \sin\frac{s_2}{\rho+R} = 4ff(R),$$
$$\sin\frac{s'_0}{\rho'+R'} - \sin\frac{s_2'}{\rho'+R'} = 4ff(R').$$

Si l'on applique ces formules aux expériences faites avec le cylindre d'acier sur la courbe en bois de peuplier, on aura :

$s_0 = s_0' = 1^m00$ $\quad s_2 = 0^m78$ $\quad s_2' = 0^m85$
$R = 0{,}00985$ $\quad R' = 0{,}0199$ $\quad \rho + R = \rho' + R' = 4^m2563.$
$ff(R) = 0{,}012641$ $\quad ff(R)R = 0{,}0001245$ $\quad ff(R)\sqrt{R} = 0{,}0012546,$
$ff(R') = 0{,}008596$ $\quad ff(R')R' = 0{,}0001711$ $\quad ff(R')\sqrt{R'} = 0{,}0012126.$

Peut-on supposer d'après ces résultats que la fonction (R) suive plutôt la loi de M. Dupuit que celle de Coulomb?

95. Soit N le nombre de tours que le cylindre doit faire pour se développer sans glisser sur l'arc s; on aura

$$s_0 = 2\pi RN_0, \qquad s_2 = 2\pi RN_2,$$
$$s_0' = 2\pi R'N'_0, \qquad s_2' = 2\pi R'N'_2,$$

d'où l'on tire

$$N_0 = 16{,}158, \qquad N_2 = 12{,}603,$$
$$N'_0 = 7{,}998, \qquad N'_2 = 6{,}798.$$

En nombres ronds, on a $R = 0{,}01$ $R' = 0{,}02$ $N_0 = 16$ $N'_0 = 8$ $N_2 = 13$ $N'_2 = 6{,}5$. C'est-à-dire, que les nombres des tours seraient en raison inverse des rayons; savoir : $N'_0 = \frac{R}{R'}N_0$ $N'_2 = \frac{R}{R'}N_2$. Si l'on pouvait admettre une telle loi, on aurait $s'_0 = 2\pi RN_0$ $s'_2 = 2\pi RN_2$, ce qui donnerait $s'_2 = s_2$; or, ce résultat est tout à fait contraire à l'expérience qui donne constamment $s'_2 > s_2$ lorsque $R' > R$. On voit, par cet exemple, qu'il faut bien se garder d'admettre des approximations qui n'ont d'autre objet que de présenter des chiffres plus simples.

96. Nous ferons maintenant l'application des formules de l'article 49 aux expériences que M. de Pambour a faites en 1834 et 1836 sur le chemin de fer de Liverpool à Manchester, et qu'il a publiées dans son *Traité théorique et pratique des Machines locomotives* (*). Voici les données des expériences, et des valeurs de $ff(\mathrm{R})$ qui en résultent :

NUMEROS des expériences.	n	A.	x_1	x_2	P	α	$ff(\mathrm{R})$
		kg.	m.	m.			
1	5	23664	1005,82	1638,58	19327,50	0,7925528	0,0083183
2	5	31800	1005,82	2019,26	27483,50	0.7925528	0,0081940
3	5	25980	1005,82	1836.08	21663,50	0,7925528	0,0082747
4	19	93440	1005,82	2264,01	77037,30	1,6451812	0,0082996
5	14	62615	912,55	2006,15	50528,80	1,3412432	0,0083460
6	»	49482	1005,82	2044,56	39981,70	1,1583364	0,0083430
7	25	111721	1005,82	2245,74	90138,50	2,0118648	0,0083464

$\mathrm{R} = 0^{\mathrm{m}},4575$ $r = 0^{\mathrm{m}},0225$. Le poids des roues et de leurs essieux est pour un wagon de $863^{\mathrm{k.g.}}30$; ainsi $\mathrm{P} = \mathrm{A} - 863,30\,n$. Les essieux de fer étant graissés sans fin et tournant dans des coussinets de cuivre, $f = 0,054$. $\alpha = 0,0609656\,(8 + n)$.

Nous prendrons pour ε et ε_1 les angles moyens $\dfrac{10,550}{1005,820} = 0,01048896 = \sin\varepsilon$ et $0,00058511 = \sin\varepsilon_1$.

La voie était en bon état d'entretien, le temps était beau et calme.

Les termes de la formule sont faciles à calculer, et à mesure qu'on les trouve, il faut les inscrire dans un même tableau. On aura successivement $\log f \dfrac{r}{\mathrm{A}}\, \dfrac{\mathrm{P}}{\mathrm{R}} = \log \mu$, $\mu \cos\varepsilon$ $\mu\cos\varepsilon_1$, $\sin\varepsilon - \mu\cos\varepsilon$, $\sin\varepsilon_1 - \mu\cos\varepsilon_1$ $\log b = \log g \dfrac{\alpha}{\mathrm{A}}$ $\log 2b\mathrm{M}$ $2b\mathrm{M}x_1$ $2b\mathrm{M}x_2$ $\log \dfrac{1}{\mathrm{X}_1}\, 2b\mathrm{M}x_1$ $\log \dfrac{1}{\mathrm{X}_2} = 2b\mathrm{M}x_2$. Par exemple, la première ex-

(*) Deuxième édition, 1840, p. 174.

périence donne $2bMx_1 = 0,2872483$, d'où $\log X_1 = \bar{1},7127517$, $X_1 = 0,5161213$.

La moyenne des sept valeurs de $ff(R)$ est $ff(R) = 0,0083031$. Ainsi, $ff(R)\,R = 0,0037987$, $ff(R)\sqrt{R} = 0,0056161$. On a, à peu de chose près, $ff(R) = \frac{1}{120}$.

§ 10. *Recherche de la forme de la fonction* (R).

97. Les expériences en petit sont faciles à faire sur un plan horizontal et sur une surface cylindrique horizontale. On peut facilement en corriger les résultats au moyen des constructions en zig-zags, et déterminer avec une approximation suffisante la valeur de la quantité $4ff(R)$. Cela posé, si l'on construit le lieu de l'équation

$$y = 4ff(R),$$

R étant l'abscisse et y l'ordonnée, on aura une courbe dont la forme pourra servir à déterminer la composition de la fonction (R).

Les figures 30 présentent les courbes du frottement de nos cylindres sur un plan horizontal en bois de poirier. Nous les avons décrites dans l'article 89. Nous avons mené par le point le plus bas de ces courbes celles qui résultent des hypothèses $(R) = \frac{1}{R}$ $(R) = \left(\frac{1}{R}\right)^{\frac{1}{2}}$ $(R) = \left(\frac{1}{R}\right)^{\frac{1}{3}}$, et dont les ordonnées, calculées d'après la formule de l'article 88, sont $y' = z\frac{R}{R'}$ $y' = z\left(\frac{R}{R'}\right)^{\frac{1}{2}}$ $y' = z\left(\frac{R}{R'}\right)^{\frac{1}{3}}$. Ces courbes sont ponctuées ; elles diffèrent de celles de l'expérience, mais elles sont courbées de la même manière et paraissent du même genre ; elles sont toutes au-dessus, à l'exception de la troisième, qui appartient aux cylindres de laiton, et qui est, à peu de chose près, autant au-dessous que la seconde est au-dessus.

Voici le tableau de toutes les ordonnées z et y' déduites des expériences et de la formule $y' = z\frac{(R')}{(R)}$.

		R	$z = ff(R)$	$y' = z\frac{R}{R'}$	$y' = z\left(\frac{R}{R'}\right)^{\frac{1}{2}}$	$y' = z\left(\frac{R}{R'}\right)^{\frac{1}{3}}$
		m.				
Acajou. .	1	0,0130	0,0076923	0,0182579	0,0103633	0,0084931
	2	0,02504	0,0064103	0,0094808	0,0074679	0,0068265
	3	0,04035	0,0058224	0,0058224	6,0058224	0,0058224
Laiton. . .	1	0,00980	0,0080000	0,0119448	0,0083823	0,0074498
	2	0,01485	0,0064935	0,0078827	0,0068095	0,0064853
	3	0,01990	0,0058834	0,0058824	0.0058824	0,0058824
Acier. . . .	1	0,00985	0,0061728	0,0113500	0,0074523	0,0071021
	2	0,01485	0,0056818	0,0075285	0,0065034	0,0061038
	3	0,01990	0,0056180	0,0056180	0,0056180	0,0056180
Étain. . .	1	0,0108	0,0071429	0,0137346	0,0087352	0,0075119
	2	0,0138	0,0064935	0,0107488	0,0077276	0,0069226
	3	0,0171	0.0058824[1]	0,0867447	0,0069420	0,0064451
	4	0,0215	0,0058140	0,0068992	0,0061910	0,0059715
	5	0,0267	0,0055556	0,0055556	0,0055556	0,0055556

[1] On aurait dû trouver 0,006135.

98. Pour montrer les différences qui existent entre les courbes $y = \frac{1}{R}$, $y = \left(\frac{1}{R}\right)^{\frac{1}{2}}$ et $y = \left(\frac{1}{R}\right)^{\frac{1}{3}}$, nous les avons dessinées sur les mêmes axes et sur les mêmes échelles (*fig.* 35). On voit qu'elles sont éloignées les unes des autres entre $R = 0{,}005$ et $R = 0{,}010$; qu'elles se rapprochent de 0,01 à 0,05, qu'ensuite elles sont très-voisines. Elles se rencontrent au point $R = 1^{m},00$. Avant ce point la courbe $\frac{1}{R}$ est la plus éloignée de l'axe des abscisses, et la courbe $\left(\frac{1}{R}\right)^{\frac{1}{3}}$ la plus rapprochée ; tandis qu'au delà c'est le contraire.

99. Les figures 32 et 33 sont les courbes du frottement de roulement de nos cylindres sur la première et sur la seconde courbe d'acier, les figures 34 celles du frottement sur la courbe en bois de peuplier. Nous avons mené par le point le plus bas de ces courbes, celles qui résultent des hypothèses $(R) = \frac{1}{R}$

$(R) = \left(\frac{1}{R}\right)^{\frac{1}{2}}$, $(R) = \left(\frac{1}{R}\right)^{\frac{1}{3}}$. Les valeurs de $4ff(R)$ ont été déterminées par les droites menées par les pointes de rangs pairs des constructions en zigzags.

CYLINDRES.		R	Première courbe d'acier (*fig.* 32).				
			$4ff(R)$	$z=ff(R)$	$y'=z\frac{R}{R'}$	$y'=z\left(\frac{R}{R'}\right)^{\frac{1}{2}}$	$y'=z\left(\frac{R}{R'}\right)^{\frac{1}{3}}$
		m.	m.	m.			
Acajou.	1	0,01300	0,1260	0,031500	0.0597490	0,0339141	0,0280800
	2	0,02504	0,0940	0,023500	0,0310199	0 0244363	0,0225684
	3	0,04035	0,0770	0,019250	0.0192500	0,0192500	0,0192500
Laiton.	1	0,00980	0,0960	0,024000	0.0289363	0,0203062	0,0180450
	2	0,01485	0.0700	0,017500	0,0190960	0,0164960	0,0157105
	3	0,01990	0.0570	0,014250	0,0142500	0.0142500	0 0142500
Acier.	1	0,00985	0,0740	0,018500	0,0252538	0,0177672	0,0158021
	2	0,01485	0,0510	0,012750 [1]	0,0167508	0,0144702	0.0137812
	3	0,01990	0,0500	0,012500	0,012500	0,012500	0,012500
Étain.	1	0.0108	0,1000	0,025000	0,0333750	0,0212265	0,0182542
	2	0,0138	0,0775	0,019375 [2]	0,0261196	0,0187780	0,0168220
	3	0,0171	0,0750	0.018750	0,0210790	0,0168691	0 0156617
	4	0.0215	0,0630	0,015750	0,0167651	0,0150442	0,0145108
	5	0,0267	0,0540	0,013500	0,013500	0,013500	0,013500

[1] Il faudrait 0,0144000 et 0,0576.
[2] Il faudrait 0,0213000 et 0,0352.

			Deuxième courbe d'acier (*fig.* 33).				
Acajou.	1	0,0130	0,0785	0,019625	0,0399620	0,0226828	0.0187808
	2	0,02504	0,0575	0.014275 [1]	0,0207471	0,0163438	0,0150944
	3	0,04035	0,0515	0,012875	0 0128750	0,0128750	0.0128750
Laiton.	1	0,00930	0,0700	0.017500	0,0172602	0,0121125	0,0107637
	2	0.01485	0,0465	0,011625	0,0113906	0,0098397	0,0093712
	3	0,01990	0,0340	0,008500	0,0085000	0,0085000	0.0085000
Acier.	1	0.00985	0,0680	0 017000	0,0169200	0,0119040	0.0105874
	2	0.01485	0.0475	0,011875	0,0112231	0,0096950	0.0092333
	3	0,01990	0.0335	0,008375	0,008375	0.008375	0,008375
Étain.	1	0,0108	0,0630	0,015750	0,0271954	0,0172956	0,0148738
	2	0.0138	0,0615	0.015375 [2]	0,0212826	0.0153006	0,0137068
	3	0,0171	0,0510	0,012750 [3]	0.0171754	0,0137452	0,0127614
	4	0,0215	0,0500	0,012500 [4]	0.0136605	0,0122583	0,0118235
	5	0,0267	0,0440	0,011000	0,011000	0,011000	0,011000

[1] Il faudrait 0,0152000 et 0,0608.
[2] Il faudrait 0,0145000 et 0,0580.
[3] Il faudrait 0,0133000 et 0,0532.
[4] Il faudrait 0,0124000 et 0,0456.

100. Nous avons indiqué les corrections qu'il convient de faire à quelques-unes des données de l'expérience pour que les courbes

$z = ff(R)$ suivent la loi de continuité des courbes $y' = z\frac{(R')}{(R)}$. Ces courbes sont disposées fort différemment par rapport à celles de l'expérience. Les premières $y' = z\frac{R'}{R}$ sont les plus rapprochées pour les cylindres B C des figures 33 ; ce sont les secondes $y' = 2\sqrt{\frac{R}{R'}}$ pour les cylindres A B C D des figures 32 ; ce sont les troisièmes $y' = z\left(\frac{R}{R'}\right)^{\frac{1}{3}}$ pour les cylindres A et B des fig. 33.

101. Table des coordonnées des courbes de figure 34.

CYLINDRES.		R	$4ff(R)$	$z = ff(R)$	$y' = z\frac{R}{R'}$	$y' = z\left(\frac{R'}{R}\right)^{\frac{1}{2}}$	$y_{,} = z\left(\frac{R}{R'}\right)^{\frac{1}{2}}$
		m.	m.				
Acajou. .	1	0,01300	0,2770	0,069250	0,1000990	0,0568172	0,0470432
	2	0,02504	0,1710	0,042750	0,0654243	0,0409387	0,0378094
	3	0,04035	0,1290	0,032250	0,032250	0,032250	0,032250
Laiton. .	1	0,00980	0,2245	0,056125	0,0870625	0,0610967	0,0532933
	2	0,01485	0,1980	0,049500	0,0574254	0,0496326	0,0472693
	3	0,01990	0,1715	0,042875	0,042875	0,042875	0,042875
Acier. . .	1	0,00965	0,2060	0,051500	0,0630396	0,0447733	0,0398214
	2	0,01485	0,1350	0,033750[1]	0,0422121	0,0364648	0,0347285
	3	0,01990	0,1260	0,031500	0,031500	0,031500	0,031500
Étain. . .	1	0,0108	0,1890	0,047250	0,0667500	0,0424529	0,0365084
	2	0,0138	0,1610	0,040250	0,0522391	0,0375560	0,0336440
	3	0,0171	0,1300	0,032500[2]	0,0421579	0,0337382	0,0313234
	4	0,0215	0,1260	0,031500[3]	0,0335302	0,0300885	0,0290216
	5	0,0267	0,1080	0,027000	0,027000	0,027000	0,027000

[1] Il faudrait 0,037600 et 0,1504.
[2] Il faudrait 0,035300 et 0,1059.
[3] Il faudrait 0,031006 et 0,093000.

On peut remarquer que les courbes $y' = z\left(\frac{R}{R'}\right)^{\frac{1}{2}}$ sont les plus rapprochées des courbes $z = ff(R)$ des expériences.

102. Pour calculer les valeurs de ff, nous prendrons pour z les valeurs qui appartiennent aux cylindres de plus grands rayons, et pour (R) l'hypothèse qui a donné dans chaque cas particulier la courbe la plus voisine de la courbe $z = ff(R)$ des expériences. On a en général $(R) = \frac{1}{R^{\alpha}}$, on aura donc $ff = z\,R^{\alpha}$.

NATURE des Cylindr.	NATURE DES COURBES, FORMES DES FONCTIONS ET VALEURS DES COEFFICIENTS DE FROTTEMENT ET DE ROULEMENT.									
	Table en poirier.		1re courbe d'acier.		2e courbe d'acier.		Courbe en peuplier.		Table de billard.	
	(R)	ff	(R)	ff	(R)	ff	(R)	ff	(R)	ff
Acajou	$\frac{1}{\sqrt[3]{R}}$	0,0019970	$\frac{1}{\sqrt{R}}$	0,0026708	$\frac{1}{\sqrt[3]{R}}$	0,0044160	$\frac{1}{\sqrt{R}}$	0,0044745	»	»
Laiton	$\frac{1}{\sqrt{R}}$	0,0008298	$\frac{1}{\sqrt[3]{R}}$	0,0038610	$\frac{1}{R}$	0,0001692	$\frac{1}{\sqrt{R}}$	0,0060483	»	»
Acier	$\frac{1}{\sqrt[3]{R}}$	0,0015224	$\frac{1}{\sqrt{R}}$	0,0017634	$\frac{1}{R}$	0,0001667	$\frac{1}{\sqrt{R}}$	0,0044436	»	»
Étain	$\frac{1}{\sqrt[3]{R}}$	0,0016605	$\frac{1}{\sqrt{R}}$	0,0022059	$\frac{1}{\sqrt[3]{R}}$	0,0032877	$\frac{1}{\sqrt{R}}$	0,0044118	$\frac{1}{\sqrt{R}}$	0,0017711
Ivoire	»	»	»	»	»	»	»	»	$\frac{1}{\sqrt{R}}$	0,0017209

Les courbes d'acier donnent pour ff des valeurs fort différentes ; il y a donc lieu de croire que la formule $ff = zR^{\alpha}$ établie sur l'hypothèse $(R) = \frac{1}{R^{\alpha}}$, ne donne pas une approximation suffisante de la valeur du coefficient du frottement de roulement.

103. En faisant $(R) = \frac{1}{R^{\alpha}}$ et $(R) = \frac{1}{R'^{\alpha}}$, on aurait $z = ff\frac{1}{R^{\alpha}}$ $z' = ff\frac{1}{R'^{\alpha}}$, d'où l'on tire $z' = z\frac{R^{\alpha}}{R'^{\alpha}}$ et $\alpha = \frac{\log z' - \log z}{\log R - \log R'}$; mais en substituant dans cette formule les données des expériences, on trouve pour α des valeurs fort différentes. On voit donc qu'il faut recourir à d'autres méthodes pour déterminer la forme de la fonction (R).

§ 11. *Des roues coniques.*

104. Supposons qu'un tronc de cône soit posé sur un plan horizontal et qu'on le fasse rouler sans glisser. Il aura un mou-

vement de rotation, le sommet de sa surface restera constamment au même point O (*fig.* 36) du plan; et si la surface conique est une surface de révolution, ce point O sera le centre des courbes sur lesquels rouleront les sections transversales du cône; l'axe OB engendrera une surface conique dont le point O sera le sommet.

Nommons R et R' les rayons des bases, $R > R'$; la longueur de la génératrice comprise entre les deux bases, ou la longueur de la ligne de contact du tronc et du plan; h la distance entre les deux bases, ou la hauteur du tronc; φ l'angle HOB que la génératrice fait avec l'axe; L la longueur Oh. On aura

$$R - R' = l \sin\varphi \qquad R' = L \sin\varphi$$
$$h = l \cos\varphi \qquad R = (L + l) \sin\varphi$$
$$L = \frac{lR'}{R - R'} \qquad L + l = \frac{lR}{R - R'}.$$

La surface du cône tronqué se développe sur le plan de la même manière que celle d'un tronc de cylindre; mais l'une tourne autour d'un même point O et chacun des points de son axe bB décrit un cercle dont le centre est sur la verticale OZ, tandis que les points de l'axe de l'autre décrivent des lignes droites parallèles entre elles.

105. Les mêmes effets se reproduisent sur un plan incliné, lorsque la déclivité de ce plan n'est pas assez grande pour que la résistance du frottement de glissement puisse être surmontée en aucun point de la course circulaire du tronc du cône. Le tronc de cône fait des oscillations des deux côtés de la ligne de plus grande pente du plan (*fig.* 37).

Un tronc de cône en bois de poirier, $R = 0^m,02$, $R' = 0^m,015$, $l = 0^m,05$; a été posé sur un plan horizontal en bois de charme, on l'a fait rouler et on a trouvé $L = 0^m,15$. La formule donne

$$\frac{0,05 \times 0,015}{0,02 - 0,205} = 0^m,15$$

On a donné au plan une inclinaison de près de 5 degrés 38 minutes, et après avoir posé le tronc de manière qu'il touchait le plan suivant une ligne perpendiculaire à la ligne de plus grande pente du plan, on l'a abandonné. Il a roulé comme sur le plan horizontal et a fait 18 oscillations dont les amplitudes formaient une suite décroissante. On avait attaché sur le plan une demi-circonférence de cercle, divisée de 5 en 5 degrés, et l'on marquait dessus avec un crayon de fusin, les points extrêmes des oscillations. Le fusin s'effaçant aisément, sans laisser de traces, la même circonférence a pu servir à un grande nombre d'expériences.

On a mesuré la durée des oscillations, et on a trouvé qu'elles étaient isochrones. On en a compté 2 en $2'' \frac{2}{3}$, 4 en $7'' \frac{1}{3}$ et 8 en $14'' \frac{2}{3}$; ce qui donne $T = 1'' \frac{5}{6}$.

106. On a fait osciller le plan en même temps que le tronc de cône, et suivant la grandeur des premières oscillations, les amplitudes des secondes sont restées les mêmes, ou bien ont augmenté et se sont transformées en un mouvement circulaire continué dans le même sens. Les oscillations du plan autour d'une droite horizontale se produisent aisément à la main; il n'y a qu'à faire en sorte, ce qui n'a aucune difficulté, que l'inclinaison la plus grande du plan corresponde à l'instant que le tronc arrive au point le plus bas de sa course et va remonter en vertu de la vitesse qu'il a acquise, et que l'inclinaison la plus petite corresponde à l'instant où il passe au plus haut point de sa course. On parvient, par ce procédé, à faire décrire au tronc de cône un cercle entier autour du sommet de sa surface, aussi longtemps que l'on fait osciller le plan.

Nous devons faire remarquer que les plus petites oscillations du plan suffisent pour entretenir le mouvement de translation circulaire du tronc de cône; que nous avons imprimé de grandes vitesses à ce mobile et qu'il n'en est résulté aucun changement dans la position de sa course, et par conséquent dans la position du centre de son mouvement.

107. Nous avons construit une voiture à quatre roues coniques. Chaque roue était un tronc de cône de même dimension et de même nature que celui de l'article 104, que nous avons fait rouler et osciller. Les essieux faisaient corps avec les roues; étaient dans un même plan, perpendiculaires à l'axe de la voiture, et tournaient dans des coussinets attachés au châssis (*fig.* 38). Les rails étaient des règles en bois de poirier, ayant $0^m,056$ de largeur et la même inclinaison transversale que la jante des roues. Dans les voitures des chemins de fer, les roues d'un même train sont montées sur le même essieu, dans notre voiture, les roues sont indépendantes, mais c'est la seule différance qu'il y ait entre les trains des deux espèces de voiture. Si nous avons exagéré la largeur et l'inclinaison de la jante, c'est afin de reconnaître plus aisément, par l'expérience, les lois du mouvement des roues coniques sur les rails.

Si la voiture est placée de manière que son axe soit dans le même plan vertical que l'axe du chemin, et si elle est tirée par une force dont la direction soit aussi dans ce plan, elle prend un mouvement de translation rectiligne, et les roues ont un mouvement de rotation et glissement. On voit à l'inspection de l'appareil (*fig.* 38) que l'axe de chaque tronc de cône décrit un parallélogramme rectangle dont la largeur est h (*fig.* 38); que, par conséquent, les circonférences des sections verticales dont la longueur varie de $2\pi R'$ à $2\pi R$ éprouvent des glissements en avant pour les unes et en arrière pour les autres; que la circonférence de la section moyenne ne doit éprouver aucun glissement et que, par conséquent, la longueur de parallélogramme rectangle est $2\pi \frac{R-R'}{2}$.

La circonférence de la petite base est $2\pi \times 0,015$

$=0^{m},0942478$, celle de la grande base $2\pi\times0,20=0^{m},1256637$, et celle de la section moyenne, 0,1099557. Nos cônes étaient exécutés avec soin, mais ils n'avaient pas rigoureusement les mêmes dimensions, car nous avons trouvé en mesurant les diamètres $2R'$ et $2R$ que leurs circonférences moyennes variaient de $0^{m},105$ à $0^{m},107$.

Nous avons marqué, par une petite flèche, l'un des points de la circonférence de chacune des bases extérieures dont le rayon est R', et après l'avoir mis en contact avec le rail, nous avons fait rouler la voiture. Chaque fois que ce point revenait sur le rail, nous avons indiqué sa position sur le bord du rail. Le poids des quatre troncs de cône était de $0^{kg.},1455$, le poids du châssis de $0^{kg.},2545$; poids total, $0^{kg.},40$. Nous avons fait rouler la voiture à vide, et successivement chargée des poids de $1^{kg.},1073$ et $2^{kg.},1073$. Nous avons trouvé, dans chaque expérience et pour chaque roue, en faisant aller la voiture dans les deux sens du railway et avec des vitesses différentes, que les distances entre les points marqués sur les rails variaient de $0^{m},1043$ à $0^{m},1069$. Une fois, en imprimant à la voiture une grande vitesse, la distance a été de $0^{m},1102$; mais nous avions, sans doute, produit un léger mouvement de glissement.

Nous avons obtenu les mêmes résultats en remplaçant le train de devant ou de derrière par une seule roue cylindrique.

Ainsi, en faisant la part des défauts des surfaces en contact et des erreurs dont ces sortes d'expériences sont susceptibles, on peut admettre que deux roues coniques, composant un train de voiture, roulent sur des rails de la même manière qu'un train de roues cylindriques sur un plan horizontal, si toutefois le rayon des roues cylindriques est égal au rayon moyen des roues coniques.

108. Soit P la charge portée par les essieux d'un wagon, Q le poids d'une roue et de son essieu, la charge sur la ligne de

contact sera $\frac{1}{4}P + Q$; la pression perpendiculaire à la surface du rail sera $(\frac{1}{4}P + Q)\cos\varphi$, et le frottement suivant la ligne de contact sera $f(\frac{1}{4}P + Q)\cos\varphi$. Dans le cas du frottement de glissement de fer contre fer, $f = 0{,}161$ (ci-dessus art. 84), ou à peu près le $\frac{1}{6}$ de la pression.

109. Le mouvement de translation des wagons à roues coniques sur des rails plans est rectiligne ; mais, pour peu que, par une cause quelconque, l'axe de la voiture sorte du plan vertical mené par l'axe du chemin, la voiture prend un mouvement de lacet ou de serpentement horizontal et un mouvement d'ondulation ou d'oscillations verticales. Le second mouvement est produit par le premier, puisque les roues tournent sur des circonférences de rayons différents ; le premier a lieu malgré la résistance qui résulte du frottement de glissement sur la largeur du railway. Dans la fig. 39, les lignes ponctuées indiquent la position normale des deux roues coniques d'un train, et les lignes pleines la position qu'elles prennent lorsque l'axe de la voiture ne coïncide plus avec le plan vertical mené par l'axe du chemin ; les deux roues, au lieu de toucher les rails suivant les lignes droites hH et Kk du profil de leurs jantes, ne les touchent plus que par l'arête extérieure h' de la première roue et par l'arête intérieure k' de la seconde roue. Un autre inconvénient du mouvement de lacet, c'est que, dans les instants où l'axe de la voiture est le plus incliné sur l'axe du chemin de fer, l'une des quatre roues ne porte plus sur les rails.

110. Nous avons construit une autre espèce de voitures. Dans la première, les roues étaient égales et les axes étaient horizontaux ; dans la seconde, les sommets des surfaces coniques des jantes sont tournés du même côté, de sorte que les axes sont inclinés à l'horizon, et les deux roues d'un même côté n'ont pas le même diamètre que les deux roues du côté opposé.

Pour plus de simplicité, les deux roues d'un même train forment un seul tronc de cône (*fig.* 40), et la voiture paraît porter sur deux troncs de cônes égaux dont les axes sont inclinés du même côté. Les collets des essieux sont cylindriques, et les coussinets dans lesquels ils tournent sont perpendiculaires aux axes des surfaces coniques et fixés aux traverses horizontales sur lesquelles repose le châssis. Le premier train est fixé au châssis perpendiculairement à l'axe de la voiture. Le second train peut être mis à volonté à différentes distances du premier train et dans une direction perpendiculaire ou oblique à l'axe de la voiture, en tournant autour d'un axe vertical.

Quand les deux trains sont parallèles, les deux lignes de contact des cônes et du plan sont parallèles entre elles, et la voiture, soumise à une force d'impulsion, prend un mouvement de translation rectiligne suivant l'axe du châssis. Si le second train n'est pas parallèle au premier, la voiture tourne, par un mouvement de translation circulaire, du côté que les axes des cônes ou les deux lignes de contact convergent ; du côté des grandes bases, si les lignes de contact convergent du côté opposé aux sommets des surfaces coniques ; du côté des petites bases, si, au contraire, les lignes de contact convergent du même côté que les génératrices des surfaces coniques.

Afin qu'on ne puisse pas attribuer aux efforts de la main, ou à la direction oblique de la force de traction, le mouvement de translation rectiligne ou circulaire que la voiture prend suivant que les trains sont parallèles ou convergents, nous avons posé la voiture sur un plan que nous pouvions incliner de manière que la gravité seule fût la cause du mouvement, et nous avons observé les mêmes faits.

111. Il résulte de ces expériences que, dans les wagons, le défaut de parallélisme des essieux tend à faire sortir les roues de la voie et doit être compté parmi les causes de déraillement.

112. On a, dans la voiture de la fig. 40, $R=0^m,04$, $R'=0^m,03$ $l=0^m,08$ $\sin\varphi=\frac{1}{8}$ $\varphi=7^\circ.10'.50'',72$ $h=0^m,0793726$. La circonférence de la grande base est $2\pi\times 0,04=0^m,2513274$, celle de la petite base $2\pi\times 0,03=0^m,1884956$, la circonférence moyenne $0^m,219115$. Les cônes sont en bois de hêtre ; poids du premier, $Q=0^{kg.},1594$; poids du second, $Q'=0^{kg.},1547$. Poids de la voiture, $P=0^{kg.},730$. Rayon des collets, $r=0^m,0048$. les coussinets sont en bois de charme. Nous avons marqué par une flèche un des rayons de chacune des bases.

L'avant-train étant parallèle à l'arrière-train, nous avons fait rouler le wagon à vide, et chargé du poids de $2^{kg.},4085$, à différentes vitesses, sur une table horizontale recouverte d'un tapis vert à poil ras, ou d'une feuille de papier de grandes dimensions; et nous avons marqué les points où les extrémités des rayons distingués par des flèches se trouvaient sur les lignes de contact des surfaces, soit après chaque tour de roues, soit après plusieurs tours de roues, suivant que la vitesse de translation le permettait.

Nous avons trouvé que les points marqués sur la table étaient en ligne droite; que les distances de ceux qui appartenaient à une même circonférence variaient de $0^m,218$ à $0^m,224$. Nous avons trouvé à peu près les mêmes résultats, en imprimant le mouvement du wagon au moyen d'une force de traction ou en donnant à la table une légère inclinaison.

Les coefficients du frottement de glissement du bois de hêtre sur le tapis et sur la feuille de papier étaient 0,357 et 0,194.

On peut donc admettre que dans le mouvement de rotation des roues coniques dont il s'agit, la moitié de la largeur de la bande glisse en arrière, et que l'autre moitié glisse en avant, de sorte que la circonférence qui a roulé sans glisser est celle du cercle moyen, qui est à égales distances des bases, et dont le rayon est $\frac{1}{2}(R+R')$.

113. Il résulte encore des mêmes expériences 1° que les frottements de glissement et de roulement, ont été les mêmes à différentes pressions et à différentes vitesses; 2° qu'on peut appliquer au wagon à roues coniques, les formules qui ont été calculées pour le wagon à roues cylindriques, en prenant pour le rayon de ces formules, le rayon moyen $\frac{1}{2}(R+R')$ des roues coniques.

114. Le tableau ci-après présente les données de sept de nos expériences sur le mouvement de la voiture à deux roues coniques, lorsque l'avant-train fait un angle avec l'arrière-train, soit du côté des petites bases, soit du côté des grandes bases; et les figures 41, 42, 43, 44, montrent à l'échelle de 0,25 pour mètre, les traces circulaires des grandes bases dans les expériences des numéros 2, 4, 5 et 7.

Nos des Exp.	TRAIN D'AVANT.			RAYONS des traces des bases			LONGUEUR des arcs décrits.			POSITION du centre des traces.		DÉTERMINATIONS	
	Position.	Direction.	Angle.	de l'arrière.	de l'avant.	Différence.	arrière.	avant.	Différence.	Côté.	Distance.	du centre.	des arcs.
1	1	convergent.	11°15'	m. 0, 520	m. 0, 530	m. 0, 010	m. 0, 237	m. 0, 230	m. 0, 007	à droite.	m. 0, 0070	exacte.	moyenne.
2	1	id.	id.	0, 505	0, 516	0, 011	0, 240	0, 228	0, 012	id.	0, 0075	id.	exacte.
3	3	id.	id.	1, 434	1, 471	0, 037	0, 231	0, 211	0, 020	sur l'arc.	0	moyenne.	moyenne.
4	3	id.	24 15	0, 680	0, 741	0, 061	0, 230	0, 231	0, 001	à droite.	0, 0160	id.	exacte.
5	1	divergent.	10 0	0, 800	0, 812	0, 012	0, 216	0, 193	0, 023	à gauche.	0, 029	id.	moyenne.
6	1	id.	26 0	0, 219	0, 246	0, 027	0, 188	0, 158	0, 030	id.	0, 013	exacte.	id.
7	3	id.	24 30	0, 730	0, 798	0, 068	0, 208	0, 194	0, 014	id.	0, 016	moyenne	id.

La distance du train d'arrière, au premier axe vertical du châssis est de $0^m,11$, et au troisième axe de $0^m,31$. La voiture était chargée du poids de $2^k,408$, placé à égales distances des trains, et roulait sur un plan horizontal recouvert d'une feuille de papier blanc que l'on changeait à chaque expérience. La direction de l'avant-train est convergente lorsque les lignes de contact des roues et du plan horizontal se rencontrent du côté des petites bases; elle est divergente lorsque les mêmes lignes se rencontrent du côté des grandes bases ou du côté opposé aux sommets des surfaces coniques. Les angles que formaient ces lignes ou les plans verticaux menés par les axes des roues sont portés dans la quatrième colonne du tableau.

On a marqué sur chaque feuille de papier, au moyen d'un fil à plomb, les points de repère des axes de la voiture et des trains; on a marqué les points de contact des grandes bases par un trait dirigé suivant le plan de ces bases, et par un trait dirigé dans le sens des lignes de contact ceux de ces points qui ont été distingués sur les bases par des flèches.

Les courbes ainsi tracées ont toujours été des arcs de cercles concentriques : le centre O de ces arcs s'est trouvé un peu à droite de l'axe H*h* de l'arrière-train, lorsque l'avant-train était convergent, et un peu à gauche lorsqu'il était différent; quelquefois il s'est trouvé exactement sur la ligne H*h*.

Nous avons répété plusieurs fois les mêmes expériences, et nous avons obtenu les mêmes résultats, mais les chiffres n'étaient pas toujours exactement les mêmes. C'est ce que nous avons montré dans les expériences n° 1 et n° 2 du tableau. Les points marqués d'une croix sur chaque trace ont servi à déterminer le centre de chaque arc particulier; lorsque ces centres ne se confondaient pas en un seul, qu'ils formaient les angles d'un petit polygone, nous avons pris pour le point O celui qui se rapprochait le plus de ceux des traces. Les arcs compris entre les points marqués d'une croix, ou tracés par la circonférence de chaque base, se sont trouvés égaux dans plusieurs expériences; dans les autres, nous avons pris la moyenne des arcs marqués sur la table pour la porter sur le dessin. Le ta-

bleau indique ces détails par les mots *exacte* et *moyenne*, écrits dans les deux dernières colonnes.

En général, toutes les expériences que nous avons faites sur le frottement, quoique répétées de la même manière et dans les mêmes circonstances, ne nous ont jamais donné rigoureusement les mêmes chiffres.

En faisant rouler la voiture en arrière pour la ramener à sa première position, les roues ne suivaient pas exactement les mêmes traces.

115. On doit remarquer que les roues coniques, à jantes inclinées du même côté, décrivent des arcs de cercle de rayons d'autant plus petits que l'avant-train est plus rapproché de l'arrière-train, et qu'il fait un angle plus aigu avec l'axe de la voiture, soit en convergeant du côté des petites bases, soit en convergeant du côté des grandes bases ou du côté opposé aux sommets des surfaces coniques.

116. Ainsi, le moyen de faire rouler aisément les wagons sur un railway circulaire est de rapprocher les trains, et de leur donner un peu de jeu, c'est-à-dire, de disposer les coussinets de manière qu'ils puissent avancer ou reculer d'une petite distance, par exemple de $0^m,02$ au plus, en tournant autour d'un axe vertical. Si l'on augmentait seulement de $0^m,020$ à $0^m,035$ le rayon des roues qui roulent sur le rail extérieur, ou si l'on élevait ce rail de la même quantité, on ne remédierait point aux inconvénients du passage dans les petites courbes, puisque les choses étant disposées de la même manière sur un railway rectiligne, il n'y aurait rien de changé dans le mouvement de translation de la voiture.

117. Le surhaussement du rail a surtout pour objet de prévenir les effets de la force centrifuge; or, nous avons appris par l'expérience (art. 106) que la force centrifuge n'a point d'influence sur le mouvement de translation circulaire, sinon

dans tous les cas, au moins dans certaines circonstances. La force centrifuge est exprimée par $\frac{u^2}{gR}$ P, R étant le rayon de courbure, et P le poids porté par la roue. On doit supposer, pour examiner le cas où la force centrifuge a le plus d'intensité sur un railway ordinaire, que la vitesse $u = 15$ mètres par seconde ou 13 lieues $\frac{1}{2}$ par heure; $R = 500$ mètres. Alors, $\frac{u^2}{gR} = 0{,}0458867$, ou à peu près $\frac{1}{22}$. Nous avons trouvé (art. 108) que le frottement de glissement de la jante sur le rail est le $\frac{1}{6}$ de la pression; ainsi, les wagons sont retenus sur les rails circulaires par une force trois fois plus grande, au moins, que celle qui tend à les porter en dehors.

118. Nous ferons remarquer que la force centrifuge n'agit pas au niveau des rails, mais au niveau du centre de gravité de chaque wagon; et que, par conséquent, il importe de composer les voitures des chemins de fer et leur chargement de manière que leur centre de gravité soit le plus bas possible.

119. Dans un grand nombre de wagons, le rayon des roues $R = 0^m{,}50$, la distance entre les trains $c = 2^m{,}00$. Diligences de Saint-Germain et de Versailles, rive droite, $R = 0^m{,}90$, $c = 2^m{,}80$; dans les wagons de troisième classe, $R = 0^m{,}50$, $c = 2^m{,}90$. Diligences de Londres à Bristol, $R = 0^m{,}61$, $c = 3^m{,}15$. Diligences à six roues du même chemin, $R = 0^m{,}61$, $c = 2^m{,}18$, et $c = 2^m{,}80$.

Dans les locomotives à quatres roues, $R = 0^m{,}765$ $R' = 0^m{,}525$ $c = 1^m{,}535$. Locomotives à six roues, $R = 0^m{,}84$ $R' = 0^m{,}50$ $c = 1^m{,}55$ à $1^m{,}85$ $c' = 1^m{,}50$. Locomotives américaines à huit roues; les quatre roues commandées par la vapeur, $R = 0^m{,}95$, les quatres roues de l'avant-train à cheville ouvrière, $R' = 0^m{,}40$, $c = 1^m{,}96$ $c' = 1^m{,}25$; distance entre les essieux de l'avant-train, $c'' = 0^m{,}94$.

120. Les jantes des roues sont coniques et bordées sur la face intérieure d'un boudin qui les empêche de sortir de la voie. L'inclinaison de la bande est au plus de $\frac{1}{7}$. Le rail est vertical ou incliné comme la bande. La fig. 45 présente le profil de la jante de la roue d'une locomotive. L'inclinaison de la bande est de $\frac{1}{20}$ ou de $0^m,0065$ sur $0^m,13$. L'axe du rail est perpendiculaire à la bande. On obtient cette inclinaison en établissant la base du chairs dans une entaille faite dans la traverse parallèlement à la jante. Peut-être serait-il préférable de donner l'inclinaison à la base même du chairs qui serait alors cloué immédiatement sans entaille sur la surface plane de la traverse.

Le dessus du rail est légèrement bombé, les faces latérales sont arrondies. La bande est plus large de $0^m,034$ que le rail. Le boudin a $0^m,035$ de largeur sans le congé, et $0^m,028$ de saillie. On pourrait supprimer le congé, mais on ne pourrait augmenter le rayon de ce congé, ou donner plus de gras au boudin, parce que l'expérience a prouvé que les boudins dont la face intérieure est à peu près perpendiculaire à la bande sont les meilleurs, que ceux qui ont une inclinaison de près de 45 degrés sont dangereux, parce qu'ils occasionnent des déraillements fréquents.

Les jantes des roues des wagons sont profilées de la même manière; celles des voitures du chemin de Saint-Germain ont $0^m,12$ d'épaisseur.

121. Dans la fig. 45, la jante peut se rapprocher du rail de $0^m,01$; mais, dans la pratique, le jeu entre les rails et le boudin est de $0^m,02$; de sorte que le boudin peut varier de position de 0^m à $0^m,04$. Il y a aussi un jeu horizontal d'environ $0^m,01$ sur le collet des essieux dans les boîtes à graisse, de sorte que le jeu total, ou le mouvement que chaque voiture peut éprouver dans le sens de chaque train, est de $0^m,06$. Le centre des roues peut s'abaisser ou s'élever de $\frac{0,02}{20} = 0,001$, et la

différence de niveau entre le centre des roues peut être de $0^m,002$, ce qui est peu considérable.

Ainsi, les ondulations ou les mouvements dans le sens vertical ne proviennent pas des seuls mouvements de lacet (art. 109); ils proviennent en grande partie de ce que les deux rails de la voie ne sont pas exactement parallèles entre eux, ni à la même hauteur ; de ce qu'ils fléchissent entre les points d'appui, et qu'ils sont composés de barres dont les joints sont trop grands ou dont les arêtes ne sont pas de niveau. Une autre cause des ondulations, c'est que les jantes ne s'usent pas de la même quantité sur leur bande, et que les roues ne tournent plus rond, c'est-à-dire qu'elles ne sont plus centrées exactement.

122. Le congé qui raccorde le boudin avec la bande se creuse et tend à devenir rectangulaire, la bande se creuse aussi et s'étend en dehors en forme de bourrelet. Lorsque le creux de la bande est de $0^m,01$, il faut remettre la roue sur le tour.

Le bombement du rail n'est pas sensible à la vue, et pour peu que la bande se creuse, elle le touche sur une assez grande largeur. Dans les courbes, le rebord du rail extérieur est rongé par les boudins et tend à devenir vertical ; le rebord du rail intérieur, au contraire, est bien conservé et même rouillé. Cela ne vient pas de la force centrifuge qui porte les roues sur le rail extérieur, mais tient à l'invariabilité du rectangle formé par les coussinets des essieux. En effet, lorsqu'on pousse un wagon à la main dans une courbe, les boudins des roues frottent le rail extérieur de la même manière que si le wagon était tiré par une locomotive.

CHAPITRE III.

DE LA RÉSISTANCE DE L'AIR.

123. Les corps en mouvement, dans l'air en repos, éprouvent une résistance dont la valeur est exprimée par $0,0625 i \omega u^2$; ainsi (art. 9),

$$\alpha = 0,0625 i \omega,$$

ω étant la section du cylindre engendré par le corps en mouvement, i un coefficient variable avec la longueur du corps. Pour une plaque mince, $i = 1,43$; pour un cube, $i = 1,17$; pour un prisme dont la longueur est égale à trois fois le côté de la surface antérieure, $i = 1,10$.

Pour un wagon séparé, M. de Pambour prend $i = 1,15$. Pour le cas de cinq wagons réunis, qui forment un prisme d'une longueur égale à 7 fois sa largeur, $i = 1,07$; pour un train de vingt-cinq wagons, $i = 1,04$. Ces nombres différant peu l'un de l'autre, et voulant éviter d'entrer à cet égard dans la considération du nombre des wagons, M. de Pambour prend la moyenne $i = 1,05$, qui convient à un train de quinze wagons, et il a la formule

$$\alpha = 0,065625 \omega.$$

Lorsqu'un train de wagons est en mouvement sur un railway, M. de Pambour a trouvé que, pour évaluer les effets de la résistance de l'air contre sa progression, il était nécessaire de prendre, comme surface résistante, celle du wagon de plus grande section, augmentée de $0^{m.q},929$ par voiture intermédiaire, et de $0^{m.q},557$ pour la première voiture, en comprenant dans le nombre des voitures la locomotive et son tender. Soit ω la section du wagon de plus grande section, $n+1$ le nombre total des voitures, on aura $u=\omega'+0,557+0,929n$, ou

$$\omega=\omega'+0,929\,(0,06+n).$$

Sur les railways qui n'ont que $1^m,524$ de largeur de voie environ, on aura généralement $\omega'=0,929\times 7,4$ pour un train de wagons, et $\omega'=0,929\times 6,4$ pour un train de diligences. On aura donc

$$\alpha=0,0609656\,(8+n)$$

dans le premier cas, et

$$\alpha'=0,0609656\,(7+n')$$

dans le second.

124. Le nombre de mètres parcourus pendant une heure est $3600u$, et le nombre de kilomètres parcourus pendant le même temps est $3,600u$. Si donc on désigne par k la vitesse par heure exprimée en kilomètres, on aura

$$k=3,6u \quad \text{et} \quad u=\frac{k}{3,6}.$$

La valeur de la résistance de l'air exprimée en k sera donc $\frac{\alpha}{(3,6)^2}k^2$. Soit

$$\alpha_1=\frac{\alpha}{(3,6)^2};$$

on aura

$$\alpha_1=0,0047041\,(8+n),$$

dans le cas d'un train de wagons, et

$$\alpha_1=0,0047041\,(7+n')$$

dans celui d'un train de diligences ou de voitures de voyageurs

125. Le poids d'un wagon chargé de marchandises est généralement de 5000 kilog., et celui d'une voiture chargée de

voyageurs, de 4500 kilog.; on aura donc $n-1=\frac{A_3}{5000}$ ou $n'-1=\frac{A_3}{4500}$, et

$$8+n=9+0{,}0002A_3 \quad 7+n'=8+0{,}0002222A_3$$

$\alpha=0{,}0609656\,(9+0{,}0002A_3)$ ou $\alpha_1=0{,}0047041\,(9+0{,}0002A_3)$

pour les trains de wagons, et

$$\alpha'=0{,}0609656\,(8+0{,}0002222A_3)$$

ou $$\alpha'_1=0{,}0047041\,(8+0{,}0002222A_3)$$

pour les trains de voitures.

CHAPITRE IV.

DE LA RÉSISTANCE QUE LES LOCOMOTIVES ONT A SURMONTER.

§ 1. *De la résistance des voitures en mouvement.*

126. Nous avons cherché l'expression de la résistance qui provient des frottements des roues sur les rails et des essieux dans leurs coussinets, et nous avons donné, dans les art. 23 et 24, les valeurs des quantités Φ, Ψ et Ψ' que renferment les équations du mouvement des voitures (art. 9).

Nous supposerons que la résistance due au frottement de roulement est en raison inverse du rayon, comme étant la loi la plus simple et celle qui convient le mieux à des roues à bandes de fer qui roulent sur des rails de fer avec une grande vitesse. Nous aurons

$$(\mathrm{R}) = \frac{1}{\mathrm{R}} \qquad\qquad (r) = \frac{1}{r};$$

et les formules deviendront

$$\Phi = \left\{ f\mathrm{A} + \mathit{ff}\left(\frac{\mathrm{KP}+\mathrm{Q}}{\mathrm{R}} + \frac{\mathrm{K'P}+\mathrm{Q'}}{\mathrm{R'}}\right) + \left(\mathrm{f} + \mathrm{ff}\frac{1}{r}\right)\left(\frac{\mathrm{K}}{\mathrm{R}} + \frac{\mathrm{K'}}{\mathrm{R'}}\right)\mathrm{P}r \right\}\cos\varepsilon + \\ + \mathrm{A}\sin\varepsilon,$$

$$\Psi \quad \left\{ \left(f + \mathit{ff}\frac{1}{\mathrm{R}}\right)(\mathrm{KP}+\mathrm{Q}) + \left(\mathrm{f} + \mathrm{ff}\frac{1}{r}\right)\frac{r}{\mathrm{R}}\mathrm{KP} \right\}\cos\varepsilon + \left(\mathrm{KP} + \mathrm{Q} + \right. \\ \left. + \mathrm{KP}\frac{r}{\mathrm{R}}\right)\sin\varepsilon,$$

$$\Psi' = \left\{ \left(f + \mathit{ff}\frac{1}{\mathrm{R'}}\right)(\mathrm{K'P}+\mathrm{Q'}) + \left(\mathrm{f} + \mathrm{ff}\frac{1}{r}\right)\frac{r}{\mathrm{R'}}\mathrm{K'P} \right\}\cos\varepsilon + \left(\mathrm{K'P} + \right. \\ \left. + \mathrm{Q'} + \mathrm{K'P}\frac{r}{\mathrm{R'}}\right)\sin\varepsilon.$$

Les valeurs de K K' sont données par les formules de l'art. 19.

L'angle ε est ordinairement assez petit sur les chemins de fer, et $\cos\varepsilon$ diffère très-peu de l'unité; soit, dans ce cas,

$$\sin\varepsilon = \zeta\,;$$

ζ sera la pente par mètre ou la mesure de la déclivité du railway. Soit $\zeta = 0{,}0005$, on aura $\cos\varepsilon = \sqrt{(1-\zeta^2)} = 0{,}9999899$.

127. Pour les voitures à quatre roues de rayons égaux,

$$\Phi = \left(f + ff\frac{1}{R}\right)A + \left(\mathrm{f} + \frac{1}{r}\right)\frac{r}{R}P + A\zeta,$$

ou bien

$$\Phi = (F + \zeta)\,A\,;$$

en faisant, comme dans l'article 23,

$$FA = \left(f + ff\frac{1}{R}\right)A + \left(\mathrm{f} + \mathrm{ff}\frac{1}{r}\right)\frac{r}{R}P.$$

Pour une locomotive dont les bielles des pistons ont été démontées, on aura donc

$$F_1A_1 = \left(f + ff\frac{1}{R}\right)A_1 + \left(\mathrm{f} + \mathrm{ff}\frac{1}{r}\right)\frac{r}{R}P_1$$

Et pour le reste du train, compris le tender, en supposant que toutes les roues sont de rayons égaux,

$$F(A_2 + A_3) = \left(f + ff\frac{1}{R}\right)(A_2 + A_3) + \left(\mathrm{f} + \mathrm{ff}\frac{1}{r}\right)\frac{r}{R}(P_2 + P_3).$$

La résistance du train sera donc, dans les mêmes hypothèses,

$$\Phi = F_1A_1 + F(A_2 + A_3) + A\zeta,$$

ou bien

$$\Phi = (F_1 + \zeta)\,A_1 + (F + \zeta)\,(A_2 + A_3).$$

§ 2. *De la résistance de la locomotive.*

128. Lorsque la locomotive marche en faisant mouvoir ses bielles et ses pistons, les frottements de la locomotive augmentent d'une quantité $\mathrm{f}A_1$; lorsqu'elle fonctionne par l'action de

la vapeur, et qu'elle remorque les voitures dont le poids est A_2+A_3, ses frottements augmentent d'une quantité $\delta[(F+z)(A_2+A_3)+A_1\zeta+\alpha u^2]$; de sorte que la résistance totale est

$$\Phi+\alpha u^2=(F_1+\zeta)A_1+(F+\zeta)(A_2+A_3)+\alpha u^2+\mathbf{f}A_1+\delta[A_1\zeta+ \\ +(F+\zeta)(A_2+A_3)+\alpha u^2],$$

ou bien

$$\Phi+\alpha u^2=(F_1+\mathbf{f})A_1+(1+\delta)[A_1\zeta+(F+\zeta)(A_2+A_3)+\alpha u^2].$$

129. M. de Pambour écrit :

$$\Phi+\alpha u^2=\mathbf{f}+(1+\delta)[A_1\zeta+(F+\zeta)(A_2+A_3)+\alpha u^2],$$

En faisant $\mathbf{f}=22+0{,}00314\ A_1$ ou $\mathbf{f}=27+0{,}00314\ A_1$, suivant que les roues motrices sont libres ou couplées. Il a déduit de ses expériences que $\delta=0{,}137$ ou $\delta=0{,}215$ suivant que les roues sont libres ou couplées.

En supposant $A_1=10000$ kilogrammes, on aura $F_1+\mathbf{f}=0{,}0022+0{,}00314=0{,}00514$, ou $F_1+\mathbf{f}=0{,}0027+0{,}00314=0{,}00584$, suivant que les roues sont libres ou couplées.

Pour $A_1=15000$ kilogrammes, on aura $F_1+\mathbf{f}=0{,}00461$, ou $0{,}00494$.

Nous ferons $F_1+\mathbf{f}=0{,}00461$ ou $0{,}00494$, ou plutôt

$$F_1+\mathbf{f}=(1+\delta)\,\mathrm{ff}\quad\text{et}\quad \mathrm{ff}=\frac{0{,}00461}{1{,}137}\quad\text{ou}\quad \mathrm{ff}=\frac{0{,}00494}{1{,}137}.$$

savoir :

$$\mathrm{ff}=0{,}0040546\quad\text{ou}\quad 0{,}0043448,$$

suivant que les roues motrices sont libres ou couplées.

L'expression de la résistance que la force motrice doit surmonter est alors

$$\Phi+\alpha u^2=(1+\delta)[(\mathrm{ff}+\zeta)A_1+(F+\zeta)(A_2+A_3)+\alpha u^2].$$

M. de Pambour a trouvé, par la formule qu'il a donnée et par les résultats des expériences qu'il a faites, que

$$F=0{,}00268.$$

CHAPITRE V.

DE LA FORCE MOTRICE DES LOCOMOTIVES.

§ 1. *De la vapeur dans la chaudière.*

130. Soient S′ la surface de la chaudière exposée au calorique rayonnant, S″ la surface des tubes, ou la surface de la chaudière exposée au calorique communiqué, et

$$S = S' + \gamma S''$$

le coefficient γ étant déterminé par l'expérience. Cette quantité S est la surface moyenne de chauffe.

Soient E la quantité d'eau, exprimée en kilogrammes, qui est vaporisée dans la chaudière en une seconde, e la quantité d'eau vaporisée par mètre carré de surface de chauffe pendant le même temps; on aura

$$E = eS.$$

3600 E est le nombre de kilogrammes d'eau vaporisée pendant une heure; 3,600 E est le volume de cette quantité d'eau à la température zéro. Soit D ce volume, on aura

$$D = 3{,}6E.$$

131. Supposons que la vapeur se trouve dans la chaudière à la pression de ϖ atmosphères, ou de ψ kilogrammes par mètre carré, que ξ kilogrammes soit la pression atmosphérique sur un mètre carré, nous aurons

$$\xi = 10334 \text{ kilog.}$$
$$\psi = \varpi\xi.$$

132. Soit V le volume de vapeur à la tension maximum ϖ

produit par un kilogramme d'eau, θ sa température, Δ son poids spécifique. On a

$$V\Delta = 1 \quad \text{ou} \quad \Delta = \frac{1}{V}.$$

Il résulte des expériences de MM. Arago et Dulong, que

$$V = \frac{1}{\varpi}(1,0498197 + 0,6469323\sqrt[5]{\varpi}),$$

$$\theta = 136,61902\sqrt[5]{\varpi} - 39,80148.$$

M. de Pambour substitue à la première formule la suivante :

$$\frac{1}{V} = 0,1421 + 0,0000471\psi,$$

$$\frac{1}{V} = 0,1421 + 0,4867\varpi,$$

qui donne V avec une grande exactitude lorsque $\varpi > 2$ et qu'il s'agit de machines à haute pression sans condensation. Nous représenterons cette formule d'approximation par

$$\frac{1}{V} = i + i'\psi.$$

133. Soit D le volume de vapeur formé dans la chaudière à la tension ψ ou $\varpi\xi$, pendant une seconde, ou le volume de la vapeur dont le poids est E, on aura

$$D \times \frac{1}{V} = E \quad \text{ou} \quad D = EV,$$

ou bien

$$D = eSV.$$

Si l'on substitue pour V sa valeur en fonction de ϖ, on aura celle de D exprimée par la surface de chauffe S, son pouvoir de vaporisation e et la tension ϖ.

§ 2. *Du mouvement des pistons.*

134. La figure 46 représente une roue motrice dont le centre est C; le rayon CH $=$ R, la manivelle CB $= b$ fixée à l'essieu, la bielle BE $= \beta$ qui est jointe en E à la tige E E′ du piston E′ et ce piston est pressé par la vapeur dans le cylindre *dD*. Cette ligne ne change pas de direction parce que le centre du joint E est assujetti par un guide à se mouvoir suivant l'axe *d*D du cylindre. Lorsque la manivelle est en CS dans le prolongement du rayon HC mené par le point de contact H de la roue sur le rail OHA, le joint est en N, on a donc CN $= \sqrt{(\beta^2 - b^2)}$. Lorsqu'après un certain temps, la manivelle est en CB, elle fait un angle SCB$=j$ avec CS, le joint est en E et le piston en E′. Soit NE$=$N′E′$=\sigma$. Au même instant, la manivelle qui est à angle droit sur la première est en C*b*, son joint est en *e* et le piston du second cylindre est en *e*′. Soit $fe = f'e' = \sigma'$.

On a, pour les coordonnées du point B, $C\varepsilon = b \sin j$ $\varepsilon B = b \cos j$ $\varepsilon E = CE - C\varepsilon$, $CE = CN + NE$, $\overline{BE}^2 = \overline{B\varepsilon}^2 + \overline{\varepsilon E}^2$, ou bien $\beta^2 = b^2 \cos^2 j + [\sqrt{(\beta^2 - b^2)} + \sigma - b \sin j]^2$, et en réduisant

$$\sigma^2 + 2\sigma [\sqrt{(\beta^2 - b^2)} - b \sin j = 2b \sin j . \sqrt{(\beta^2 - b^2)} ;$$

d'où l'on tire

$$\sigma = - [\sqrt{(\beta^2 - b^2)} - b \sin j] + \sqrt{(\beta^2 - b^2 \cos^2 j)}.$$

Lorsque la première manivelle est en CS, $j = 0$ $\sin j = 0$ $\cos j = 1$ et la formule précédente donne $\sigma = 0$. Lorsque la même manivelle est en CG, $j = \frac{1}{2}\pi$ $\sin j = 1$ $\cos j = 0$, et

$$NF = \beta + b - \sqrt{(\beta^2 - b^2.)}$$

C'est la longueur NF ou N′F′ de la course de piston.

Lorsque la première manivelle est en C*h*, $j = \pi$ $\sin \pi = 0$ $\cos \pi = -1$ et $\sigma = 0$. Le joint est revenu au point N et le piston en N′. Lorsque la manivelle est en C*s*, $j = \frac{3}{2}\pi$ $\sin j = -1$

$\cos j = 0$. Nf ou $N'f' = -[\sqrt{(\beta^2 - b^2)} + b] + \beta$; ce qui donne, en faisant abstraction du sens dans lequel on prend cette distance,

$$Nf = b + \sqrt{(\beta^2 - b^2)} - \beta.$$

On voit que $NF > b$ et $Nf < b$, et que

$$Ff = NF + Nf = 2b.$$

On a pour la seconde manivelle $\sigma' = fN - eN$. On a, avec la première manivelle, lorsque $j = \frac{3}{2}\pi + j'$, $\sin j = -\cos j' \cos j = +\sin j'$, donc $Ne = -[\sqrt{(\beta^2 - b^2)} + b\cos j'] + \sqrt{(\beta^2 - b^2 \sin^2 j')}$, et

$$\sigma' = b - \beta - b\cos j' + \sqrt{(\beta - b^2 \sin^2 j')}.$$

Lorsque $j' = 0$, $\sin j' = 0$ $\cos j' = 1$ et $\sigma' = 0$. Lorsque $j' = \frac{1}{2}\pi$, la seconde manivelle est en CS, $\sin j' = 1$ $\cos j' = 0$ et

$$fN = b - \beta + \sqrt{(\beta^2 - b^2)}.$$

Lorsque $j' = \pi$, la seconde manivelle est en CG, $\sin j' = 0$ $\cos j' = -1$ et

$$fF = 2b.$$

135. Supposons qu'au bout du temps t les manivelles soient en CB et Cb, que les pistons soient en E' et e', et que leurs vitesses soient v et v', on aura $\frac{d\sigma}{dt} = v$ $\frac{d\sigma'}{dt} = v'$; or $\frac{dj}{dt} = v$; si donc on différentie les valeurs de σ et σ', on aura

$$\mathrm{v} = v\left[b\cos j + \frac{b^2 \cos j \sin j}{\sqrt{(\beta^2 - b^2\cos^2 j)}}\right],$$

$$\mathrm{v}' = v\left[b\sin j - \frac{b^2 \cos j \sin j}{\sqrt{(\beta^2 - b^2\sin^2 j)}}\right].$$

Lorsque les roues tournent sans glisser

$$bj = vt \qquad Rj = x \qquad Rv = u.$$

On voit donc que la vitesse des pistons est variable en chacun des points de leurs courses. Lorsque $j = 0$, le premier piston est en N′ et $v = bv$, le second est en f'' et $v' = 0$, lorsque $j = \frac{1}{2}\pi$, le premier est en F et $v = 0$, le second est en N′ et $v' = bv$; lorsque $j = \pi$, le premier est en N′ et $v = -bv$, le second est en F′ et $v' = 0$; lorsque $j = \frac{3}{2}\pi$, le premier est en f' et $v = 0$, le second est en N′ et $v' = -bv$. C'est au point N′ que les pistons ont la plus grande vitesse, soit en allant de f' en F′, soit en retournant de F′ en f', et cette plus grande vitesse est $2v$.

136. Pour simplifier les calculs, nous prendrons, à la place des vitesses variables des pistons, une vitesse moyenne v_1 entre toutes les vitesses différentes qu'ils prennent en parcourant les cylindres de f' en F′; nous aurons $v_1 = \frac{\int v' dj}{\pi}$

$$\int v' dj = v \left[b \sin j dj - \frac{b^2 \cos j \sin j dj}{\sqrt{(\beta^2 - b^2 \sin^2 j)}} \right],$$

et en intégrant depuis $j = 0$ jusqu'à $j = \pi$,

$$\int v' dj = v \times 2b.$$

Donc

$$v_1 = \frac{2bv}{\pi}.$$

137. Sans avoir égard à ce résultat, supposons que le mouvement des pistons est uniforme. La longueur du bras de manivelle étant b, le piston de chaque cylindre parcourt un espace $2b$, et la manivelle fait un demi-tour lorsque le piston va d'une extrémité à l'autre du cylindre. Ainsi, pour un tour entier des manivelles ou des roues correspondantes, le piston a parcouru deux fois la longueur du cylindre ou l'espace $4b$, et se retrouve au premier point de son oscillation.

Soit T la durée d'une course de pistons dans un sens, ou le temps que les pistons mettent à parcourir l'espace $2b$, v_1 la vitesse moyenne des pistons, ν la vitesse de rotation des roues, ou $\nu = \frac{dj}{dt}$, N le nombre de tours de roue en une seconde, on aura, en supposant que le mouvement est uniforme pendant le temps T,

$$2b = \nu T \qquad \pi = \mathsf{v} T \qquad 1 = 2NT$$

$$\nu = 4bN \qquad \mathsf{v} = 2\pi N$$

$$\pi\nu = 2b\mathsf{v}.$$

L'espace parcouru par le piston en une seconde est $4bN$, donc $\nu = 4bN$; or $2b = \nu T$, donc $1 = 2NT$. On peut remarquer que la dernière équation $\pi\nu = 2b\mathsf{v}$ est la même que l'équation de l'article précédent.

138. Si les roues, commandées par la vapeur, se développent sur les rails sans glisser, on aura

$$\pi R = uT \qquad u = R\mathsf{v},$$

puisque u est la vitesse de translation de la locomotive et que R est le rayon des roues motrices; par conséquent

$$u = 2\pi RN \qquad N = \frac{u}{2\pi R},$$

$$\nu = \frac{2bu}{\pi R} \qquad \nu = \frac{2b\mathsf{v}}{\pi}.$$

139. En indiquant la vitesse de translation par le nombre de kilomètres parcourus pendant une heure (article 124), on aura

$$N = \frac{k}{7{,}2\pi R} \quad \text{ou} \quad N = 0{,}0442097\frac{k}{R},$$

$$T = \frac{3{,}6\pi R}{k} \qquad T = 11{,}30973\frac{R}{k}.$$

§ 3. *De la quantité de vapeur dépensée par les cylindres.*

140. Soit D_1 le volume de vapeur qui sort de la chaudière pour aller dans les cylindres, E_1 son poids; la tension de D_1 étant ψ, on aura $D_1 \times \frac{1}{V} = E_1$, ou

$$D_1 = E_1 V.$$

Le volume D_1 de la vapeur qui passe de la chaudière dans les cylindres est généralement moindre que celui qui se forme dans la chaudière, parce qu'il se perd une certaine quantité de vapeur par les soupapes de sûreté. On aura donc

$$D_1 = \lambda D \qquad E_1 = \lambda E \qquad D_1 = \lambda EV,$$

λ étant un nombre < 1. La quantité de vapeur qui se perd par les soupapes de sûreté, pendant le mouvement de translation, aura donc un volume $= (1 - \lambda)D$.

La quantité de vapeur perdue pour diminuer ou arrêter le mouvement des roues sur les pentes, ou pour toute autre cause, n'est pas comprise dans la perte $(1 - \lambda)D$, qui tient seulement à la constitution de la machine, et qui suppose que le feu du foyer est bien conduit, que la tension est constante dans la chaudière et que toutes les pièces mobiles de la machine fonctionnent avec régularité.

141. Les tuyaux et les espaces qui servent de communication entre la chaudière et les cylindres sont plongés dans la chaudière, ou enveloppés dans la flamme qui sort du foyer, ou protégés convenablement contre tout refroidissement provenant de causes extérieures. Ainsi, la vapeur, en passant dans les conduits, ne peut se condenser, et elle est dans les cylindres au maximum de température que comporte sa tension.

Soient ψ' ou $\varpi'\xi$ la pression dans les cylindres, D_1' ce que devient D_1 à cette tension, E_1' le poids de la vapeur dont le volume est D_1', $\frac{1}{V'}$ le poids spécifique ou $\frac{1}{V'} = i + i'\psi'$ (art. 132). On aura

$D_1' \times \frac{1}{V'} = E_1'$, et, puisque les poids E_1' et E_1 sont les mêmes,

$D_1' \times \frac{1}{V'} = D_1 \times \frac{1}{V}$, ou

$$D_1' = D_1 \frac{V'}{V} \qquad D_1' = E_1 V' \qquad D_1' = \lambda E V'.$$

142. Soit r le rayon des cylindres. Le volume qui sera compris entre les deux extrémités de la course de chaque piston sera $\pi r^2 \times 2b$ ou $2\pi r^2 b$. Il existe, à chaque extrémité du cylindre, un espace appelé liberté du cylindre, qui se remplit nécessairement de vapeur à chaque course. La capacité de cet espace, en y comprenant les passages aboutissants, peut être évaluée à $\frac{1}{20}$ de la partie du cylindre parcourue par le piston, ou $\frac{1}{20} 2\pi r^2 b$. Soit, pour abréger, $\frac{b}{20} = c$; la totalité de l'espace qui se remplit de vapeur à chaque course de piston dans un cylindre est $2\pi r^2 (b + c)$. Ainsi, lorsque la roue motrice, dont le rayon est R, fait un tour, le volume de vapeur employé pour un cylindre est $4\pi r^2 (b + c)$, et pour les deux cylindres $8\pi r^2 (b + c)$. On aura donc

$$D_1' = 8\pi r^2 (b + c) N,$$

puisque l'on compte N pulsations par seconde.

Égalant entre elles les deux valeurs de D_1', on aura $E_1 V' = 8\pi r^2 (b + c) N$, ou

$$E_1 = 8\pi r^2 (b + c) N (i + i'\psi').$$

143. Si les roues commandées par la vapeur se développent sur les rails sans glisser, on aura (art. 139) $u = 2\pi RN$ et

$$E_1 = \frac{4r^2}{R} (b + c)(i + i'\psi') u,$$

d'où l'on tire

$$u = \frac{E_1 R}{4r^2 (b + c)(i + i'\psi')}.$$

§ 4. *De l'expression de la force motrice.*

144. La pression sur la face intérieure des pistons est ψ' par mètre carré, et $2\pi r^2 \psi'$ sur les deux pistons. La face extérieure supporte la pression de l'atmosphère et celle de la vapeur qui est chassée des cylindres ; la première est ξ ; soit μ la seconde ;

l'action de la vapeur sera diminuée de $2\pi r^2(\xi+\mu)$. Ainsi, la force qui agit sur les tiges des pistons est

$$2\pi r^2(\psi'-\xi-\mu).$$

La vitesse imprimée par cette force est v, celle qui est produite par la force motrice G est u; on aura donc

$$Gu = 2\pi r^2(\psi'-\xi-\mu)\,v,$$

puisque les effets des deux forces dont il s'agit sont équivalents, et que l'effet d'une force quelconque a pour mesure le produit de cette force par la vitesse du point où elle est appliquée. Mettant pour $\frac{v}{u}$ sa valeur $\frac{2b}{\pi R}$ (art. 138), on aura

$$G = \frac{4br^2}{R}(\psi'-\xi-\mu).$$

145. M. de Pambour a déduit de ses expériences la formule

$$\mu = 1,46u\frac{E}{\gamma},$$

pour déterminer la pression μ qui est produite sur les pistons par l'effet de la tuyère; γ est l'aire de l'orifice de la tuyère en mètre carré. Pour les machines qui vaporisent $1^{m.c.}$,6989 d'eau par heure, et dont l'orifice de la tuyère est un cercle de 0^m,02857 de rayon, on peut faire $\mu = 269,28u$, ou bien, en faisant, pour abréger, $269,28 = \mu'$,

$$\mu = \mu' u.$$

CHAPITRE VI.

DU MOUVEMENT UNIFORME DES LOCOMOTIVES.

§ 1. *Équation de condition du mouvement uniforme.*

146. Les équations générales du mouvement de la locomotive sont celles de l'art. 9. Si on y substitue pour $\Phi\ \Psi$ et Ψ' leurs valeurs (art. 23), on aura

$$\frac{A}{g}\frac{du}{dt} = G - \varphi - \varphi' - AZ - \alpha u^2, \tag{1}$$

$$\frac{M}{g}\frac{dv}{dt} = bG_1 - R\varphi - [(KP + Q)R + KPr]\zeta, \tag{2}$$

$$\frac{M'}{g}\frac{dv'}{dt} = bG_1' - R'\varphi' - [(K'P + Q')R' + K'Pr]\zeta. \tag{3}$$

Chacune des roues motrices est mise en mouvement par la moitié de la force motrice G, de sorte qu'on a $G_1 = \frac{1}{2}G$, $G'_1 = \frac{1}{2}G$. Si les roues tournent sans glisser, on aura $Rv = u$, $R'v' = u$, et les équations (2) et (3) deviennent

$$\frac{M}{gR^2}\frac{du}{dt} = \frac{1}{2}\frac{b}{R}G - \varphi - \left(KP + Q + RP\frac{r}{R}\right)\zeta, \tag{4}$$

$$\frac{M'}{gR'^2}\frac{du}{dt} = \frac{1}{2}\frac{b}{R'}G - \varphi' - \left(K'P + Q' + K'P\frac{r}{R'}\right)\zeta. \tag{5}$$

Éliminant φ et φ' entre les équations (1) (4) et (5), on trouvera l'équation de condition

$$\frac{1}{g}\left(A - \frac{M}{R^2} - \frac{M'}{R'^2}\right)\frac{du}{dt} = \left[1 - \frac{1}{2}b\left(\frac{1}{R} + \frac{1}{R'}\right)\right]G + \left(\frac{K}{R} + \frac{K'}{R'}\right)Pr\zeta - \alpha u^2,$$

de laquelle on tirera la valeur de p ou celle de y, qui détermine l'une des deux coordonnées du centre de gravité de la locomotive.

147. Le mouvement uniforme des locomotives est le seul qu'il soit utile de considérer. Dans ce cas $\frac{d^2x}{dt^2}=0$ $\frac{d^2j}{dt^2}=0$ $\frac{d^2j'}{dt^2}=0$, et les équations de l'article 9, ou les équations (1) (2) et (3) de l'article précédent, donnent

$$G = \Phi + \alpha u^2, \quad (a)$$

$$bG_1 = R\Psi, \quad (b)$$

$$bG_1' = R'\Psi'. \quad (c)$$

Si les roues des voitures sont de mêmes rayons, l'équation de condition devient

$$0 = \left(1 - \frac{b}{R}\right) G + \frac{r}{R} PZ - \alpha u^2. \quad (d)$$

§ 2. *De la vitesse des locomotives.*

148. Le mouvement de translation de la locomotive étant uniforme, on a $G = \Phi + \alpha u^2$, la valeur de Φ est donnée par la formule de l'art. 129, celle de G par la formule de l'art. 144; ainsi,

$$\frac{4b\mathrm{r}^2}{R}(\psi' - \xi - \mu' u) = (1+\delta)\left[(\mathrm{ff}+\zeta)A_1 + (F+\zeta)(A_2+A_3) + \alpha u^2\right],$$

d'où l'on tire

$$\Psi' = (1+\delta)\left[(\mathrm{ff}+\zeta)A_1 + (F+\zeta)(A_2+A_3) + \alpha u^2\right]\frac{R}{4b\mathrm{r}^2} + \xi_1 + \mu' u.$$

Substituant cette valeur de ψ' dans l'équation de l'art. 143, et faisant, pour abréger,

$$(\mathrm{ff}+\zeta)A_1 + (F+\zeta)(A_2+A_3) = H,$$

elle deviendra

$$u = \frac{b}{(b+c)i'} \times \frac{E_1}{(1+\delta)(H+\alpha u^2) + \left(\frac{i}{i'} + \xi + \mu' u\right)\frac{4b\mathrm{r}^2}{R}}.$$

149. Cette formule ne renfermant que le poids E_1 de la vapeur d'eau qui fait mouvoir les cylindres en une seconde, elle appartient aussi au cas où la vapeur qui est dans les cylindres a la même tension que dans la chaudière. Cela vient de ce que $D_1 = E_1 V$ et $D_1' = E_1 V'$. Si, d'ailleurs, on admet cette hypothèse et qu'on recommence les calculs du § 3, on trouvera $D_1 = 8\pi r^2(b+c)N$, $u = \dfrac{E_1 R}{4r^2(b+c)(i+i'\psi)}$, $\dfrac{4br^2}{R}(\psi - \xi - \mu' u) = \Phi$; et, en éliminant ψ, on aura l'équation de l'article précédent.

150. On a (article 142) $\dfrac{b}{b+c} = \dfrac{20}{21}$, (article 130) $i = 0,1421$ $i' = 0,0000471$ et

$$u = \frac{20220,4E_1}{(1+\delta)(H + \alpha u^2) + (13351 + \mu' u)\dfrac{4br^2}{R}}.$$

151. Le poids de la vapeur qui passe dans les cylindres pendant une heure est $3600E_1$ (art. 140), et $3,6E_1$ est le volume d'une quantité d'eau à la température zéro, dont le poids est $3600E_1$.

Soit $\overline{D}$ ce volume, on aura

$$\overline{D} = 3,6E \quad \overline{D} = 3,6\lambda E \quad \overline{D} = \lambda D.$$

On a (article 124) $k = 3,6u$; soit pour abréger $\dfrac{\alpha}{(3,6)^2} = \alpha_1$, $\dfrac{\mu'}{3,6} = \mu_1$. Substituant ces valeurs dans l'équation de l'article précédent, on aura

$$k = \frac{20220,4\lambda D}{(1+\delta)(H + \alpha_1 k^2) + (13351 + \mu_1 k)\dfrac{4br^2}{R}}. \qquad (A)$$

C'est la formule pratique que M. de Pambour a donnée (*).

152. La vaporisation D de la chaudière varie avec la vitesse des locomotives. M. de Pambour a trouvé que

(*) Traité précité, p. 425.

$$D = D_1 \sqrt[4]{\frac{k}{k_1}},$$

D_1 étant la vaporisation à la vitesse k_1.

153. Si l'on veut composer une table des nombres k et ζ, il sera plus simple de calculer les valeurs de ζ au moyen des valeurs données de k, puisque ζ ne se trouve qu'au premier degré dans la formule (A). On a, en faisant attention que $(A_1 + A_2 + A_3)\zeta = A\zeta$,

$$\frac{1}{k} = \frac{(1+\delta)A}{20220{,}4\lambda D}\left[ff\frac{A_1}{A} + F\frac{A_2+A_3}{A} + \zeta + \frac{\alpha_1}{A}k^2 + \frac{13351 + \mu_1 k}{(1+\delta)A}\frac{4br^2}{R}\right]$$

$$\frac{1}{k} = \frac{1}{n}(m + \zeta + ik + jk^2) \qquad \text{(A)}$$

en faisant pour abréger

$$ffA_1 + F(A_2 + A_3) + \frac{13351}{1+\delta}\frac{4br^2}{R} = mA$$

$$\frac{20220{,}4D\lambda}{1+\delta} = nA$$

$$\frac{\mu_1}{1+\delta}\frac{4br^2}{R} = \text{i}A$$

$$\alpha_1 = \text{j}A.$$

On tire de l'équation (A)

$$\zeta = \frac{n}{k} - (m + \text{i}k + \text{j}k^2) \qquad \text{(B)}$$

154. Soient τ le nombre des secondes que la machine met à parcourir 1 mètre, t le nombre d'heures qu'elle met à parcourir 1 kilomètre, on aura $u\tau = 1$ $kt = 1$ $\tau = 3,6t$, et

$$\tau = \frac{1}{u} \qquad t = \frac{1}{k}.$$

Ainsi, le second membre de l'équation (A) donne le nombre d'heures que la locomotive met à parcourir un kilomètre. On peut remarquer que chacun de ses termes correspond au retard que la machine éprouve dans son mouvement de translation par une cause spéciale ; le premier est dû aux frottements des roues et des organes de la locomotive et à la traction qu'elle exerce sur les voitures, le second est dû à la gravité, le troisième $\mathrm{i}k$ à l'écoulement de la vapeur par la tuyère, le quatrième à la résistance de l'air. Si la locomotive et les voitures qu'elle remorque étaient sur un railway circulaire dont le rayon est R, il faudrait ajouter à ces retards celui qui est dû à cette circonstance, et qui peut être exprimé par le terme $\frac{c}{n}$, en désignant par c une fonction de R qu'il s'agira de déterminer par l'expérience ; on aura alors la formule (*)

$$t=\frac{1}{n}(m+\zeta+\mathrm{i}k+\mathrm{j}k^2+c). \qquad \text{(C)}$$

(*) C'est la formule (B) qui nous a suggéré la méthode approximative qui est l'objet de la note insérée dans les *Annales des Ponts et Chaussées*, 2e semestre de 1836.

CHAPITRE VII.

DE LA VITESSE DES LOCOMOTIVES SUR UN CHEMIN DE FER.

155. Supposons que la locomotive et ses voitures parcourent un chemin de fer qui soit composé d'une suite de rampes, de pentes et de paliers en partie rectilignes et en partie circulaires, et désignons par

$a_1 \quad a_2 \quad a_3 \quad a_4 \quad a_5 \quad a_6 \quad a_7$ etc. les longueurs partielles;
$0 \quad -z_2 + z_3 \quad 0 \quad -z_5 - z_6 - z_7$ etc. les déclivités correspondantes; L la longueur totale du chemin, H la différence de niveau exprimée en mètres entre les points extrêmes de L. On aura

$$a_1 + a_2 + a_3 + a_4 + a_5 + a_6 + a_7 + a_8 + \text{etc.} = \text{S}a_x = \text{L},$$

$$a_3 z_3 + a_8 z_8 + \text{etc.} - (a_2 z_2 + a_5 z_5 + a_6 z_6 + a_7 z_7 + \text{etc.}) = \text{S}a_x z_x = \text{H}.$$

Désignons par

$$t_1 \quad t_2 \quad t_3 \quad t_4 \quad t_5 \quad t_6 \quad t_7, \quad \text{etc.},$$

les nombres d'heures que la machine et ses voitures mettent à parcourir un kilomètre sur les portions de chemin dont les longueurs et les déclivités sont données, et par T la durée du parcours sur la longueur totale L.

Au moyen des nombres k et ζ, calculés d'après la formule de l'art. 153, on aura la durée du parcours $t = \frac{1}{k}$ sur chaque déclivité, et en la multipliant par $\frac{a}{1000}$, qui est le nombre de kilomètres que contient la distance a exprimée en mètres, on aura $\frac{a}{1000} t$ pour la durée du parcours sur la portion du chemin de fer dont la longueur est a et la déclivité ζ. Par conséquent

$$\frac{1}{1000}(a_1t_1+a_2t_2+a_3t_3+a_4t_4+a_5t_5+a_6t_6+\text{etc.})=\frac{1}{1000}\mathrm{S}a_xt_x=\mathrm{T}.$$

La formule (C) de l'art. 154 donne, pour une portion de railway dont la longueur est a_x,

$$na_xt_x=ma_x\pm\zeta_xa_x+\mathrm{i}k_xa_x+\mathrm{j}k^2{}_xa_x+c_xa'_x,$$

en désignant par a'_x la partie de cette longueur a_x qui est curviligne. On aura donc, pour toutes les portions du railway,

$$n\mathrm{S}a_xt_x=m\mathrm{S}a_x\pm\mathrm{S}\zeta_xa_x+\mathrm{iS}k_xa_x+\mathrm{jS}k^2{}_xa_x+\mathrm{S}c_xa'_x;$$

ou bien, en mettant pour $\mathrm{S}a_x$, $\mathrm{S}a_x\zeta_x$ et $\mathrm{S}a_xt_x$ leurs valeurs

$$1000n\mathrm{T}=m\mathrm{L}\pm\mathrm{H}+\mathrm{iS}a_xk_x+\mathrm{jS}a_xk^2{}_x+\mathrm{S}a'_xc_x. \qquad \text{(D)}$$

156. Pour trouver, par une approximation suffisante, la valeur des termes $\mathrm{S}a_xk_x$ et $\mathrm{S}a_xk^2{}_x$, nous prendrons pour k la vitesse moyenne k_1 que l'on se propose de donner aux convois de voyageurs sur le chemin de fer, et nous aurons

$$\mathrm{iS}a_xk_x+\mathrm{jS}a_xk^2{}_x=\mathrm{L}(\mathrm{i}k_1+\mathrm{j}k_1^2).$$

La formule (D) devient

$$1000n\mathrm{T}=\mathrm{L}(m\pm z+m_1)+\mathrm{S}a'_xc_x, \qquad \text{(E)}$$

en faisant, pour abréger,

$$\frac{\mathrm{H}}{\mathrm{L}}=z$$

$$\mathrm{i}k_1+\mathrm{j}k_1^2=m_1.$$

Le signe + ou le signe — de z doit être employé selon que le point d'arrivée est plus élevé ou plus bas que celui de départ.

157. Lorsque le convoi se trouve sur des pentes dont l'inclinaison ζ'' occasionne une vitesse $k>k'$ ou la plus grande vitesse qui puisse être employée dans l'exploitation du chemin de fer, il faut diminuer l'ouverture du régulateur de manière à perdre une certaine quantité de vapeur par la soupape de sûreté, et quelquefois faire usage des freins sur les roues des wagons. On ne peut, dans ce cas, diminuer l'activité du foyer, parce que cela exige du temps, et parce qu'il faut que la locomotive soit prête à reprendre toute sa puissance à l'instant où elle passe sur une autre partie du chemin. Or, si la vitesse que le convoi prend sur une pente ζ''_x par mètre et de a''_x de longueur est réduite à celle qu'il aurait prise si la déclivité de cette partie eût été de ζ' par mètre, il mettra le temps $\frac{m-\zeta'}{1000n}a''_x$ à parcourir cette rampe, au lieu du temps $\frac{m-\zeta''_x}{1000n}a''_x$ compté dans la formule (E), le retard qui en résultera sera donc égal à $\frac{m-\zeta'}{1000n}a''_x - \frac{m-\zeta''_x}{1000n}a''_x = \frac{1}{1000n}(\zeta''_x-\zeta')a''_x$. Le retard provenant de toutes les pentes dont la déclivité est plus grande que ζ' sera

$$S\frac{1}{1000n}(\zeta''_x-\zeta')a''_x = \frac{1}{1000n}S\zeta''_x a''_x - \frac{1}{1000n}\zeta'L'',$$

et l'expression de T devra être augmentée de cette quantité, ce qui donnera la formule

$$1000nT = L(m \pm z + m_1) + Sa'_x c_x + S\zeta''_x a''_x - \zeta'L''. \quad (F)$$

Ordinairement, on diminue un peu la vitesse des convois dans les souterrains ; si l'on veut avoir égard à cette circonstance et qu'on désigne par a'''_x la longueur d'un souterrain, le retard occasionné par le passage de tous les souterrains du chemin de fer sera $S\sigma a'''_x = \sigma L'''$, et on aura

$$1000nT = L(m \pm z + m_1) + Sa'_x c_x + S\zeta''_x a''_x - \zeta'L'' + \sigma L''' \quad (G)$$

158. Sur un railway rectiligne horizontal, la résistance des voitures au mouvement est FA (art. 127). Sur un railway circulaire, les frottements des bandes sur les rails et des essieux sur les coussinets augmentent, le glissement des boudins sur

les faces latérales des rails (art. 121) occasionnent de nouveaux frottements. Ainsi, dans le passage des courbes, la traction de la locomotive doit augmenter. Nous supposons que cette traction est exprimée par FA $(1+\rho)$, ou que la résistance additionnelle est

$$F\rho A.$$

ρ étant une fonction de R. Il serait fort difficile et tout à fait inutile, pour la pratique, de chercher à mesurer séparément les effets de tous les frottements qui ont lieu dans les courbes. Nous avons déjà reconnu une partie des difficultés de la question, en examinant le mouvement des roues coniques sur un railway rectiligne ou sur un plan ; mais, dans les courbes, il y aurait à tenir compte de la forme des rails et des boudins. La fig. 47 donne la section de la jante de la fig. 45 au niveau du dessus du rail supposé vertical et rectiligne. Sur le railway circulaire, la roue extérieure s'avance plus ou moins sur le rail, la section change plus ou moins, et sa position est différente, parce que les essieux ne sont plus normaux à la voie. Si le rail est incliné, les effets sont beaucoup plus compliqués. Il y a encore d'autres effets à considérer dans les courbes. Les plaques de garde fléchissent sur leur longueur, et chacune de leurs branches sur la largeur. Tous ces mouvements, dus aux jeux et à l'élasticité, sont très-petits, il est vrai ; cependant ils sont sensibles et l'on ne peut pas les négliger. Si l'on observe une locomotive qui passe dans une courbe à petit rayon avec une grande vitesse, on aperçoit que les roues s'inclinent, et même il semble, lorsque le cadre est en fer, qu'il prend de la courbure. Cette flexibilité est très-favorable au passage dans les courbes et à la conservation des locomotives ; tandis que les machines qui sont tout à fait rigides tendent à sortir des rails circulaires et sont d'un entretien plus dispendieux. Quoi qu'il en soit, il est beaucoup plus simple de déterminer par un seul coefficient ρ tous les effets de la résistance dans les courbes, comme on a déterminé, par le seul coefficient F, tous les effets de la résistance sur un railway rectiligne.

On voit, par l'expression $(F + \zeta + F\rho) A$, que la courbe d'un rayon R augmente la résistance autant que le ferait un accroissement de rampe; c'est-à-dire que, sur la courbe d'un rayon R et d'une déclivité ζ, la résistance sera la même que sur un railway rectiligne dont la déclivité serait de $\zeta + F\rho$ par mètre. Ainsi, lorsqu'on veut avoir égard à la résistance que le convoi éprouve au passage d'une courbe, il faut mettre $\zeta + F\rho$ à la place de ζ dans les formules. Cette substitution étant faite dans la formule générale (B), elle devient identique à la formule (C); par conséquent,

$$c = F\rho.$$

159. Soit (L) la longueur d'un chemin de fer horizontal, rectiligne et sans souterrains, équivalent à un chemin de fer donné, c'est-à-dire la longueur qui serait parcourue par la même locomotive et pendant le même temps T. On aura sur le chemin de fer, d'après la formule (G),

$$1000nT = L(m \pm z + m_{\prime}) + N;$$

et sur le chemin équivalent,

$$1000nT = (L)(m + m_{\prime});$$

et par conséquent,

$$(L) = \frac{L(m \pm z + m_{\prime}) + N}{m + m_{\prime}}.$$

CHAPITRE VIII.

DE L'EFFET UTILE DES LOCOMOTIVES, ET DE SA MESURE PAR L'EFFET D'UN CHEVAL.

§ 1. *De l'effet utile des locomotives.*

160. L'expression de l'effet utile de la locomotive est A_3k. On a (art. 125) $\alpha_1 = 0{,}0047041\,(8 + 0{,}0002222A_3)$, ou pour abréger,

$$\alpha_1 = \beta_1 + \gamma_1 A_3,$$

et (art. 152) $D = D_1 \sqrt[4]{\frac{k}{k_1}}$; substituant ces valeurs dans l'équation de l'art. 153, et ordonnant, on en tirera

$$qA_3k = m\sqrt[4]{k} - nk - pk^2 - \beta_1 k^3,$$

en faisant, pour abréger,

$$\frac{20220{,}4D_1\lambda}{(1+\delta)\sqrt[4]{k_1}} = m$$

$$fA_1 + FA_2 + \zeta(A_1 + A_2) + \frac{13351}{1+\delta} \cdot \frac{4br^2}{R} = n$$

$$\frac{\mu_1}{1+\delta}\frac{4br^2}{R} = p$$

$$F + \zeta + \gamma' k^2 = q.$$

§ 2. *Du nombre de chevaux dont la force équivaut à celle d'une locomotive.*

161. Le poids qu'un cheval peut tirer, en parcourant un mètre par seconde, est de 75 kilogrammes Soit une force capable de faire parcourir au poids p le même espace d'un mètre en u secondes. La quantité de mouvement, ou l'effet de cette

force, sera pu. Soit N le nombre de chevaux qui produirait le même effet, on aura

$$pu = 75\text{N} \quad \text{d'où} \quad \text{N} = \frac{pu}{75}.$$

Si le poids p a une vitesse u' par minute, ou qu'il parcoure 1 mètre en 60 secondes, on aura $u' = 60u$, et la formule devient $\text{N} = \frac{pu'}{60 \times 75}$, ou

$$\text{N} = \frac{pu'}{4500}.$$

Si le poids p a une vitesse k par heure, ou qu'il parcoure 1000 mètres en 3600 secondes, on aura $1000k = 3600u$, ou $k = 3{,}6u$, et la formule devient $\text{N} = \frac{pk}{3{,}6 \times 75}$, ou

$$\text{N} = \frac{pk}{270}.$$

Supposons que le poids p soit exprimé par un nombre p de tonneaux, chacun de 1000 kilogrammes, nous aurons $p = 1000\text{p}$, et

$$\text{N} = \frac{\text{p}k}{0{,}27}.$$

Dans chacune de ces formules, la quantité de mouvement est exprimée par un nombre de kilogrammes 4500N, ou 270N, ou 0,27N.

La traction d'une tonne brute par une locomotive sur un railway offre une résistance de 2,7 k.g. (art. 129), c'est pour un kilogramme 0,0027. Si donc une locomotive traîne un nombre P de tonneaux, elle exercera une traction de 2,7P kilogrammes. Pour avoir le nombre de chevaux qui produiront un effet équivalent, on aura la formule $\text{N} = \frac{pk}{270}$, dans laquelle il faut faire $p = 2{,}7\text{P}$; et par conséquent,

$$\text{N} = \frac{\text{P}k}{100}.$$

C'est la formule de M. de Pambour.

162. L'effet utile de la machine locomotive en kilogrammes bruts tirés à 1 kilomètre par heure est $(A_2 + A_3)k$; en tonnes brutes est $\frac{A_2 + A_3}{1000}k$. Donc $P = \frac{(A_2 + A_3)k}{1000}$ et

$$N = \frac{(A_2 + A_3)k}{100000}.$$

163. Soient D, comme ci-dessus (art. 130), et C la consommation du coke dans le foyer, en kilogrammes, par heure ; l'effet utile, en chevaux, produit par un mètre cube d'eau vaporisée, sera

$$\frac{(A_2 + A_3)k}{100000D}.$$

L'effet utile, en chevaux, produit par kilogramme de coke, sera

$$\frac{(A_2 + A_3)k}{100000C}.$$

La quantité d'eau en mètres cubes, qui produit l'effet d'un cheval, sera

$$\frac{100000D}{(A_2 + A_3)k}.$$

La quantité de coke, en kilogrammes, qui produit l'effet d'un cheval, sera

$$\frac{100000E}{(A_2 + A_3)k}$$

CHAPITRE IX.

APPLICATION DES FORMULES.

§ 1. *De la vitesse des convois de voyageurs.*

164. Les cahiers de charges, pour l'établissement des chemins de fer de Strasbourg à Bâle, de Paris à Orléans et de Paris à Rouen, portent que la vitesse des trains de voyageurs sera au moins de 32 kilomètres ou 8 lieues à l'heure. Dans les cahiers de charges de 1843, l'administration s'est réservé le droit de déterminer par des règlements spéciaux, la compagnie entendue, le maximum et le minimum de vitesse des convois de voyageurs et de marchandises, ainsi que la durée du parcours de la ligne entière.

165. La vitesse des locomotives varie de 24 à 100 k.m. La vitesse ordinaire des trains de voyageurs est de 36 à 48 k.m. Si l'on en déduit le temps perdu pour s'arrêter aux stations, la vitesse moyenne ne sera plus que de 40 k.m.

Les journaux ont avancé que M. le maréchal Soult, dans son voyage d'Angleterre, avait été mené avec une vitesse de 25 lieues à l'heure (*).

§ 2. *Application des formules à une locomotive.*

166. Les coefficients que renferme la formule (A) de l'art. 163 sont, pour une locomotive dont les roues motrices sont libres (art. 129, 151, 125) :

(*) Mémoire précité de M. J. Petiet, avril 1843.

$$F = 0,00268$$
$$f = 0,0040546$$
$$1 + \delta = 1,137$$
$$\mu_{,} = 74,8$$
$$\alpha_{,} = 0,0047041\,(8 + 0,0002222A_3).$$

Nous prendrons, pour exemple, une locomotive à six roues destinée à remorquer des wagons de voyageurs.

$A_1 = 16000$ k.g., poids de cette machine lorsqu'elle fonctionne.

$A_2 = 10000$ k.g., poids de son tender, portant 4 m. c. d'eau et 500 à 600 k.g. de coke.

$b = 0^m,2285$, longueur de la manivelle, $2b = 0^m,457$ course du piston.

$r = 0^m,165$, rayon du cylindre.

$R = 0,915$, rayon des roues motrices.

On aura donc (art. 153):

$$mA = 411,00840 + 0,00268A_3$$
$$nA = 17784D\lambda$$
$$iA = 1,78910$$
$$jA = 0,0376328 + 0,000001045A_3.$$

Le poids de chaque voiture chargée de voyageurs est de 5000 k.g. Supposons que le convoi soit composé de 16 voitures, nous aurons $A_3 = 16 \times 5000$ ou

$$A_3 = 80000 \quad \text{et} \quad A = 106000 \text{ k.g.};$$

et par conséquent,

$$m = 0,0058990$$
$$n = 0,1677735D\lambda$$
$$i = 0,0000169$$
$$j = 0,0000011.$$

M. de Pambour a trouvé que la vaporisation, à la vitesse de 32 k.m. par heure, était de 0,062483 mètres cubes par mètre carré de surface de chauffe, et qu'à la vitesse k, elle était

$D = 0{,}062483 S \sqrt[4]{\frac{k}{32}}$. Les machines que cet auteur a examinées en 1834, par exemple, *le Firefly* du chemin de fer de Manchester à Liverpool avait les propriétés suivantes : $A_1 = 11000$ k.g. Surface de la boîte à feu $S' = 4$ m.q. 110 tubes ayant une surface $S'' = 30$ m.q. Pression de $3^{kg.},36$ par $(0^{m},01)^2$ ou $\Psi = 33600$ k.g. Eau vaporisée par heure, $0^{m.c.},0609590$ par mètre carré de surface de chauffe. Vaporisation totale, $1^{m.c.},8036850$, d'où $S = 29^{m.q.},5885$. M. de Pambour supposait (*), dans l'une des applications de sa formule, que le volume d'eau vaporisée à la vitesse de 32 k.m. par heure, était de $1^{m.c.},8405$ par heure et $0^{m.c.},062483$ par mètre carré de surface de chauffe, ce qui donnait $S = 29^{m.q.},456$, et (**) $\lambda = 0{,}75$. Par conséquent $D = 0{,}062483 \times 29{,}456 \sqrt[4]{\frac{k}{32}} = 0{,}77383 \sqrt[4]{k}$.

Depuis 1834, on a augmenté successivement la surface de chauffe et le poids de la locomotive. En 1841, on avait déjà $S = 42$ m.q., ce qui donnait $D = 1{,}07826 \sqrt[4]{k}$. Les nouvelles locomotives de M. S. Stephenson donnent $S = 74$ m.q. Nous prendrons, pour la moyenne des locomotives employées en 1843,

$$S = 50 \text{ m. q.} \qquad D = 0{,}0625 S \sqrt[4]{\frac{k}{32}} \qquad D = 1{,}31390 \sqrt[4]{k}.$$

et nous aurons

$$n = 0{,}2204377 \lambda \sqrt[4]{k}.$$

Substituant ces valeurs dans l'équation (A) de l'art. 154, on en tirera la valeur de λ, savoir : $\lambda = 4{,}53643 \frac{k}{\sqrt[4]{k}} (0{,}0058990 + \zeta + 0{,}0000169 k + 0{,}0000011 k^2)$. La machine locomotive que nous voulons employer pour comparer, les uns avec les autres, les

(*) Voyez l'ouvrage précité, page 415.

(**) *Id.*, page 324.

différents tracés qu'on peut proposer entre deux points donnés, doit faire sur une rampe de 0,003, environ 36 à 40 k.m. par heure. Or, pour la déclivité $\zeta = 0{,}003$, les nombres

	$k = 32$	36	37	38	40
donnent	$\lambda = 0{,}645$	0,729	0,751	0,773	0,818.

Nous pouvons donc admettre les dimensions que nous avons indiquées, et supposer

$$\lambda = 075\,;$$

ce qui donne

$$n = 0{,}1653283\sqrt[4]{k}.$$

167. Le facteur $\sqrt[4]{\frac{k}{32}}$ augmente peu le coefficient de la valeur $D = 3{,}125\sqrt{\frac{k}{32}}$. En effet, pour les valeurs de $k = 32$ 40 64; on a $\sqrt[4]{\frac{k}{32}} = 1$ 1,057 1,189. Ainsi, l'on peut, dans bien des cas, faire $k = 32$, dans la valeur de D; ce qui simplifiera beaucoup les calculs dans lesquels entreront la valeur de n.

168. Si l'on substitue, dans l'équation (B) (art. 153), les valeurs numériques que nous venons de déterminer (art. 164), on aura la formule

$$\zeta = 0{,}1653283\,\frac{\sqrt[4]{k}}{k} - 0{,}0058990 - 0{,}0000169k - 0{,}0000011k^2,$$

qui donnera aisément les valeurs de ζ correspondantes aux valeurs successives de k. On peut réunir ces valeurs dans un tableau, ou dans une courbe. La fig. 48 est le dessin de cette courbe fait à l'échelle de $0^{m},005$ par kilomètre pour les abscisses k, et à l'échelle de $0^{m},005$ par millimètre pour les ordonnées ζ.

On voit que la vitesse du convoi est de $47^{k.m.},331$ par heure sur un railway horizontal, de $24^{k.m.}$,50 sur une rampe de 0,008 et de $79^{k.m.}$,50 sur une pente de 0,008.

169. On peut remarquer que l'arc correspondant aux coordonnées $k'=32$, $\zeta'=+0{,}0047226$ et $k''=47{,}331$, $\zeta''=0$, et que l'arc correspondant aux coordonnées $k''=47{,}331$, $\zeta''=0$ et $k'''=64$, $\zeta''=-0{,}0041783$ diffèrent peu de leur corde; de sorte qu'en substituant ces cordes à ces arcs, on aura une approximation, bien suffisante pour la pratique, entre les limites k' et k'' pour les rampes, k'' et k''' pour les pentes; savoir :

$$k=k''-\frac{k''-k'}{\zeta'}\zeta \qquad\qquad k=k''+\frac{k'''-k''}{\zeta'''}\zeta$$

ou bien

$k=47{,}331-32463{,}05\zeta$ pour les rampes entre 0 et 0,0047226.
$k=47{,}331+39894{,}21\zeta$ pour les pentes entre 0 et 0,0041783.

On pourrait employer la seconde formule jusqu'à $k=72$ ou $\zeta=0{,}0061278$, et même jusqu'à $k=100$ et $\zeta=0{,}0133609$.

§ 3. *Du cas où les trains descendent une pente par le seul effet de la pesanteur.*

170. Dans les formules précédentes, ainsi que dans la fig. 48, la vapeur exerce son action de la même manière sur les rampes, sur les paliers et sur les pentes; mais, dans la pratique, il en est tout autrement; lorsque le convoi descend des pentes, on ferme plus ou moins le régulateur et on augmente la résistance au moyen des freins.

Lorsque l'on ferme le régulateur, les cylindres ne reçoivent plus de vapeur, et le mouvement des bielles, des tiroirs et des pistons n'a plus lieu que par suite du mouvement des roues dû à la vitesse acquise, ou à l'action de la pesanteur si le convoi descend un plan incliné.

L'équation générale du mouvement de translation et de ses

wagons sur une pente, lorsque la force motrice est nulle, est (art. 26) $\frac{A}{g}\frac{d^2x}{dt^2}=-\Phi-\alpha u^2$. La résistance au mouvement de translation ou Φ peut être évaluée, comme dans le cas où le mouvement est dû à l'action de la vapeur sur les pistons ; savoir (art. 129), $\Phi+\alpha u^2=(1+\delta)\ [(\mathrm{ff}-\zeta)A_1+(F-\zeta)(A_2+A_3)+\alpha u^2]$: on a, d'ailleurs, $u=\frac{dx}{dt}$; donc

$$\frac{udu}{dx}=g(1+\delta)\left[\zeta-F-(\mathrm{ff}-F)\frac{A_1}{A}-\frac{\alpha}{A}u^2\right],$$

ou bien

$$\frac{udu}{dx}=a-bu^2,$$

en faisant, pour abréger,

$$g(1+\delta)\left[\zeta-F)-(\mathrm{ff}-F)\frac{A_1}{A}\right]=a$$

$$g(1+\delta)\frac{\alpha}{A}=b.$$

L'intégrale de cette équation est (art. 45)

$$u^2=\frac{a}{b}(1-X)+U^2X,$$

en faisant, pour abréger (art. 48),

$$X=\frac{1}{10^{2bMx}}.$$

171. Pour la locomotive et les voitures que nous avons définies dans l'art. 166,

$F=0{,}00268$ $\mathrm{ff}=0{,}0040546$ $1+\delta=1{,}137$ $A_1=16000$k.g.
$A_2=10000$ k.g. $A_3=80000$ k.g.

$A=106000$k.g. (art. 125) $\alpha=0{,}0609656\,(7+n)$

$$n-1=\frac{A_3}{5000} \quad g=9^{\text{m}}8087952$$

$M = 0{,}4342945$. Par conséquent,

$$a = 11{,}15260\zeta - 0{,}0322031$$
$$b = 0{,}0001653$$
$$2bM = 0{,}0001436$$

172. Pour la pente vers Marseille, dans l'un des projets de chemin de fer d'Avignon à Marseille,

$x = 8398$ m. $\zeta = 0{,}005$, ce qui donne $a = 0{,}0235599$

$$2bMx = 1{,}2061200$$

$$X = \frac{1}{10^{1,20612}} = \frac{1}{16{,}07385} = 0{,}0622128$$

$$u^2 = 133{,}6219 + 0{,}0622128U^2,$$

et lorsque la vitesse est nulle, à l'origine de la pente,

$$u = 11^{m},55949$$
$$k = 41^{k.m.},61418.$$

Lorsqu'on laisse agir la vapeur, on a $k = 67^{k.m.}5$.

173. Pour la pente de l'Hémery, à la descente du plateau de la Beauce, chemin de fer d'Orléans à Paris, $\zeta = 0{,}008$ $x = 6300$ m. $a = 0{,}0570177$ $2bMx = 0{,}9048052$

$$u^2 = 301{,}8993 + 0{,}1245073U^2;$$

et lorsque la vitesse est nulle à l'origine de la pente,

$$u = 17^{m},37525$$
$$k = 62^{k.m.},55090.$$

Si on laissait agir la vapeur à la descente, on aurait $k = 79^{k.m.},6$.

174. Si, dans les mêmes circonstances, on pouvait supposer que la résistance de l'air n'a aucune influence, on aurait $\alpha = 0$, l'équation $udu = adx$, ou

$$u^2 = U^2 + (22{,}3052\zeta - 0{,}0644162)\,x.$$

Dans le cas de la pente de Marseille, on aurait

$$u = 19^{m},89251 \qquad k = 71^{k.m.},61305;$$

Dans le cas de la pente de l'Hémery, on aurait

$$u = 26^{m},80341 \qquad k = 96^{k.m.},49207\,;$$

en supposant que la vitesse initiale U est nulle.

§ 4. *De l'effet utile de la locomotive.*

175. L'équation de l'art. 160 donne la valeur de $A_3 k$ ou de l'effet utile d'une locomotive sur une rampe dont la déclivité est ζ. Pour la locomotive de l'art. 166,

$$F = 0{,}00268 \quad ff = 0{,}0040546 \quad 1 + \delta = 1{,}137 \quad \mu_1 = 74{,}8$$

$$\frac{D_1}{\sqrt[4]{k_1}} = 1{,}3139 \quad \lambda = 0{,}75$$

$$\beta_1 = 0{,}0376328 \quad \gamma_1 = 0{,}00000104525 \quad b = 0{,}2285 \quad r = 0{,}165$$

$$R = 0{,}915$$

$$A_1 = 16000 \quad A_2 = 10000.$$

Ainsi

$$m = 17524\ 80$$

$$n = 411{,}0084 + 26000\zeta$$

$$p = 1{,}789097.$$

176. Dans le cas où la locomotive et ses voitures sont en mouvement sur un railway horizontal et rectiligne $\zeta = 0$,

$$qA_3 k = m\sqrt[4]{k} - nk - pk^2 - \beta_1 k^3$$

$$m = 17524{,}80 \quad n = 411{,}0084 \quad p = 1{,}789097 \quad q = F + \gamma_1 k^2$$

$$\beta_1 = 0{,}0376328.$$

On calculera aisément les nombres $\frac{A_3}{1000}k$ et $\frac{A_3}{1000}$, qui répondent aux différentes valeurs de k; et, au moyen de ces nombres, on dessinera les courbes de la fig. 49.

On voit que le maximum d'effet utile correspond à la vitesse de $k = 11^{k.m},5$ par heure; or, cette vitesse est trop petite pour qu'on puisse l'admettre sur les chemins de fer.

§ 5. *Application des formules au parcours des convois sur les chemins de fer.*

177. Pour calculer la durée du parcours sur un chemin de fer, nous ferons (art. 167),

$$D = 3{,}125 \qquad \lambda = 0{,}75\,;$$

et les nombres de l'art. 166 deviendront

$$m = 0{,}0058990$$
$$n = 0{,}3932191$$
$$\mathrm{i} = 0{,}0000169$$
$$\mathrm{j} = 0{,}0000011.$$

Nous admettrons qu'on ne doit pas dépasser la vitesse de 48 k.m. à l'heure. Cette vitesse a lieu, à l'état normal de la locomotive, sur la pente $\zeta' = 0{,}0001576$.

En faisant $k_1 = 48$ dans la formule d'approximation $m_1 = \mathrm{i}k_1 + \mathrm{j}k_1^2$ (art. 156), on a

$$m_1 = 0{,}0033446.$$

§ 6. *Recherches du coefficient de la résistance sur les courbes.*

178. Il résulte de plusieurs expériences que la traction sur un railway rectiligne augmente de 0,39 sur une courbe de 600 mètres de rayon, et de 0,19 sur une courbe de 2000 mètres de rayon. Si la même loi est appliquée aux autres courbes, on aura, pour le rayon R, l'équation $0{,}39 - 0{,}19 : 2000 - 600 = 0{,}39 - \rho : \mathrm{R} - 600$; d'où l'on tire

$$\rho = 0{,}4757143 - 0{,}000142857\mathrm{R}\,;$$

et à cause de $\mathrm{F} = 0{,}00268$ (art. 129, 158),

$$c = 0{,}0012749 - 0{,}00000038285\mathrm{R}.$$

Ou bien, en remplaçant les chiffres par des lettres,

$$c = \beta' - \gamma'\mathrm{R}.$$

On a, pour toutes les courbes du railway,

$$Sa'_x c_x = S(\beta' a'_x - \gamma' R_x a'_x), \text{ ou}$$
$$Sa'_x c_x = \beta' L' - \gamma' SR_x a'_x,$$

en désignant par L′ la longueur totale Sa'_x des courbes (*).

Pour le rayon R=500 m., on a ρ=0,4042858 c=0,0010835.

On a $\rho=0$ $c=0$, lorsque le rayon $R=\dfrac{0{,}4757143}{0{,}000142857}=3329^{m}39$.

Ainsi, les courbes de rayons plus grands n'occasionnent aucune résistance.

§ 7. *Application des formules aux projets de chemins de fer de Paris à Dijon.*

179. Plusieurs tracés ont été étudiés pour le chemin de fer de Paris à Dijon ; les deux que nous soumettrons à nos calculs suivent la rive gauche de la Seine jusqu'à Montereau : le premier remonte la vallée de l'Yonne jusqu'à la Roche et la vallée de l'Armançon jusqu'au col de Pouilly, et descend à Dijon par la vallée de l'Ouche; le second continue de suivre la vallée de la Seine jusqu'au delà de Châtillon, remonte la vallée de Revinchon, passe au col de Poiseul, descend par la vallée de l'Ignon et va d'Iss sur Tille à Dijon.

(*) Dans les recherches citées à l'article 154, nous avions supposé que la résistance additionnelle que les convois éprouvaient dans les courbes, était en raison inverse du rayon de ces courbes et qu'elle était exprimée par $1{,}5\,\dfrac{Aa}{R}$; or, l'arc $a=\varphi R$, φ étant la mesure de l'angle compris entre les rayons menés par les points extrêmes, la valeur de cette résistance était donc en effet $=1{,}5A\varphi$, c'est-à-dire, indépendante du rayon des courbes, ou la même pour tous les arcs d'un même degré quelles que fussent les longueurs des rayons de ces courbes, ce qui est inexact.

A. *Calcul de la durée du parcours sur le tracé par l'Yonne et l'Armançon.*

180. Profil en long du projet de Paris à Dijon (*fig.* 50).

Distances.	Rampes.	Pentes.	Ordonnées.	
0m			m. 34,02	Paris. Origine du chemin dans la gare du boulevard de l'Hôpital.
30250,10	0,0001438		38,37	Gare de Corbeil.
23993,85	0,0003909		47,75	Melun.
31545,58	0,0001100		51,22	Varennes.
77531,35	0,0004561		86,58	Traversée de l'Yonne à Laroche.
79200,00	0,0014325		200,03	Ruisseau de Bornans.
22174,00	0,004		288,73	
11975,00	0,0041595		338,54	
5986,70	0	0	338,54	
6468,80	0,0014995		348,24	
13606,20	0,0039048		401,47	Col de Pouilly.
22884,30		0,0039993	309,95	
27564,10		0,0024701	241,86	
509,50	0,0019627		242,86	Dijon.
353689,48	= L		242,86	− 34,02 = 208,84 = H.

Pour éviter les détails inutiles, on a divisé le tracé en portions dont les déclivités moindres de 0,003 diffèrent peu les unes des autres. Par exemple, le chemin de Paris à Corbeil forme la première portion, et sa déclivité moyenne est de 0,0001438 ; mais elle est en effet divisée en rampes, pentes et palliers. Il y a une pente de 0,0025 sur 610m,05, trois déclivités de 0,002, deux de 0,0015, deux de 0,001 ; six autres sont plus petites, et il y a onze palliers qui ont ensemble 9062m,97.

COURBES.			
Nombres.	a'	**R**	a'**R**
	m.	m.	
1	512,00	484	247808
1	431,00	490	211190
»	»	»	»
2	1151,00	600	690600
»	»	»	»
10	7323,10	800	5858480
»	»	»	»
5	3738,70	900	3364830
»	»	»	»

Nombres.	a'	**R**	a'**R**	
»	»	»	»	De l'autre part.
49	36233, 8	1000	36233800	
»	»	»	»	
5	6175,47	1500	9263205	
»	»	»	»	
14	6657,83	2000	13315660	
1	1476,00	2840	4191820	
158	127083,11	$=L'$	151076993	$=\mathrm{S}\mathbf{R}_x a'_x$
1	3046,95	4000		
1	825,00	6000		
1	3600,00	7500		
161	134555,06			

Ce tableau est extrait du tableau des courbes. On a additionné ensemble les courbes du même rayon, et, pour abréger, on n'a indiqué qu'un petit nombre de ces courbes. **R** $<$ 4000 m.

PENTES DE PARIS A DIJON.			
a''	ζ''	$a''\zeta$	
		m.	
22884,30	0,0039993	91,52	
27564,10	0,0024701	68,09	
50448,60	$=L''$	159,61	$=\mathrm{S}\zeta''_x a''_x$

PENTES DE DIJON A PARIS.			
a'	ζ''	$a''\zeta''$	
m.		m.	
509,50	0,0019627	1,00	
13606,20	0,0039048	53,23	
6498,80	0,0014995	9,70	
11975,00	0,0041595	49,81	
22174,00	0,004	88,70	
79200,00	0,0014325	113,45	
77531,35	0,0004561	35,36	
23993,85	0,0003909	9,38	
235488,70	$=L''$	360,63	$=\mathrm{S}\zeta''_x a''_x$

Ces deux derniers tableaux sont extraits du tableau du profil en long. $\zeta'' > 0{,}0001576$.

Voici le détail des calculs des valeurs de T et (L), d'après les formules des art. 157 et 159, savoir :

$$1000nT = L(m \pm z + m_r) + N$$

$$(L) = \frac{100nT}{m+m}$$

en faisant, pour abréger,

$$\beta'L' - \gamma'S\mathbf{R}_x a'_x + S\zeta''_x a''_x - \zeta'L'' + \sigma L''' = N.$$

Détails des Calculs.

DE PARIS A DIJON.

Termes de la formule.	Nombres.	Logarithmes.
m	0,0058990	
H		2,3108137
L		5,5486222
$\frac{H}{L} = z$	0,0005905	$\bar{4}$,7711915
m_1	0,0033446	
$m+z+m_1$	0,0098341	$\bar{3}$,0927346
L		5,5486222
$L(m+z+m_1)$	3478,217	3,5413578
β'		$\bar{3}$,1054810
L'		5,1030878
$\beta'L'$	161,648	2,2085688
γ'		$\bar{7}$ 5830168
$S\mathbf{R}_x a'_x$		8,1791982
$\gamma'S\mathbf{R}_x a'_x$	-57,838	1,7622150
$S\zeta''_x a''_x$	159,610	
$\zeta' = 0001576$		$\bar{4}$,1975562
L''		4,7028474
$\zeta'L''$	—7,951	0.9004036
$\sigma L'''$	0	
$1000\,n$ T	3733,686	3,5721378
$1000\,n$		2,5946347
T	$9^{h}49518$	0,9775031
on	$9^{h}29'42''65$	
$1000\,n$ T		3,5721378
$m+m_1$		$\bar{3}$,9658411
(L)	$403921^{m}20$	5,6062967
$0{,}001$ L		2,5486222
T		0,9775031
(k)	37,249	1,5711191

DE DIJON A PARIS.

Termes de la formule.	Nombres.	Logarithmes.
m	0,0058990	
z	-- 0,0005905	
m_1	0,0033446	
$m - z + m'_1$	0,0086531	$\bar{3}$,9371717
L		5,5486222
$L(m - z + m_1)$	3060, 511	3,4857939
$\beta'L'$	161, 648	
$\gamma'S\mathbf{R}_x a'_x$	—57, 838	
$S\zeta''_x a''_x$	360, 630	
$\zeta' = 0{,}0001576$		4,1975562
L''		5,3719701
$\zeta'L''$	—37, 113	1,5695263
$\sigma L''$	0	
$1000\,n$ T	3487,838	3,5425562
$1000\,n$		2,5946347
T	$8,^{h}86993$	0.9479215
on	$8.^{h}52'11''86$	
$1000\,n$ T		3.5425562
$m+m_1$		$\bar{3}$,9658411
(L)	$377324,^{m}60$	5,5767151
$0{,}001$ L		2,5486222
T		0,9479215
(k)	39, 875	1,6007007
$S\mathbf{R}_x a'_x$		8,1791982
L'		5,1030878
$(\mathbf{R})$	1191, 54	2,0761104

B. *Calcul de la durée du parcours sur le tracé par la basse et la haute Seine.*

181. Profil en long du projet. De Paris à Dijon (*fig.* 51).

Distances.	Rampes.	Pentes.	Ordonnées.	
			m.	
0m			34,02	Paris. Origine du chemin dans la gare du boulevard de l'Hôpital.
30250,10	0,0001438		38,37	Gare de Corbeil.
23993,85	0,0003909		47,75	Melun.
36032,84	0,0002395		56,38	Montereau.
43315,08	0,0002436		66,93	
54067,49	0,0007748		108,82	Troyes.
54673,24	0,0015668		194,48	
29851,90	0,0026209		272,72	
22415,00	0,0049851		384,46	
2716,00	0,0032879		393,89	Souterrain de Poiseul.
10911,91		0,0050463	338,83	
11946,60		0,0037500	294,03	
2929,70		0,0006246	292,20	
5370,20	0,0035008		311,00	
2479,45	0,0030007		318,44	
4090,15		0,0030806	305,84	
2096,20		0,0019130	301,83	
10946,30		0,0049999	147,00	Dijon.
348106,01	= L.		247,00	— 34,02 = 212,98 = H.

PENTES DE PARIS A DIJON.

a''	ζ''	$a''\zeta''$	
10911,91	0,0050463	55,06	
11946,60	0,0037500	44,80	
2929,70	0,0006246	1,83	
4090,15	0,0030806	12,60	
2096,20	0,0019130	4,01	
10946,30	0,0049999	54,83	
42920,86	$= L''$	173,13	$= S\zeta'' x a'' x$

$\zeta'' > 0,0001570$.

PENTES DE DIJON A PARIS.

a''	ζ''	$a''\zeta''$	
2479,45	0,0030007	7,44	
5370,20	0,0035008	18,80	
2716,00	0,0032879	9,43	
22415,00	0,0049851	111,74	
29851,90	0,0026209	78,24	
54673,24	0,0015668	85,66	
54067,49	0,0007748	41,89	
43315,08	0,0002436	10,55	
36032,84	0,0002395	8,63	
23993,85	0,003909	9,38	
274915,05	$= L''$	381,76	$= S\zeta'' x a'' x$

COURBES.

Nombres.	a'	R	a'R
	m.	m.	
1	626,00	600	375600
4	4407,00	700	3084900
10	6769,00	800	5415200
1	1688,35	815	1376005
17	12679,50	900	11411550
1	201,00	901	181101
36	22127,04	1000	22127040
»	»	»	»
1	385,42	1250	481775
»	»	»	»
»	»		»

Nombres.	a'	R	a'R	
»	»	»	»	De l'autre part.
8	9262,03	1500,00	13893045	
»	»	»	»	
34	21068,56	2000,00	42137120	
»	»	»	»	
1	215,60	3000,00	646800	$R < 3560$
1	1185,21	3086,71	3658400	
159	126339,02	$= L'$	191719687	$= S R_x a'_x$
1	598,30	3560		
1	3046,95	4000		
1	825,00	6000		
1	3600,00	7500		
163	134409,27			

SOUTERRAIN.

De Paris à Dijon.

La vitesse normale sur la rampe de 0,0032879 est $k = 36,1$ (*fig.* 48), ce qui donne $\frac{1}{k} = t = 0,0277008$. En diminuant la vitesse d'un quart dans le souterrain de Poiseul on aura

$\sigma L''' = \frac{1}{4} \times 0,0277008 \times 2716 = 18,809.$

De Dijon à Paris.

La vitesse normale qui a lieu sur la pente de 0,0032879 est réduite, par les premiers termes de la formule, à celle qui a lieu sur la pente de 0,0001576 ; or, celle-ci est $k = 48$ (*fig.* 48), qui donne $\frac{1}{k} = t = 0,0208333$. Le retard qu'on éprouvera dans le souterrain de Poiseul sera donc

$\sigma L''' = \frac{1}{4}\ 0,0208333 \times 2716 = 14,1458.$

Détails des calculs.

DE PARIS A DIJON.

Termes de la formule.	Nombres.	Logarithmes.
m	0,0058990	
H		2,3283388
L		5,5417114
$\frac{H}{L}=z$	0,0006118	$\bar{4}$,7866274
m_1	0,0033446	
$m+z+m_1$	0,0098554	$\bar{3}$,9936743
L		5,5417114
$L(m+z+m_1)$	3430,724	3,5353857
β'		$\bar{3}$,1054810
L'		5,1015375
$\beta' L'$	161,071	2,2070185
γ'		$\bar{7}$,5830168
$S\mathbf{R}_x a'_x$		8,2826448
$\gamma' S\mathbf{R}_x a'_x$	—73,394	1,8656616
$S\zeta''_x a''_x$	173,130	
$\zeta'=0,0001576$		$\bar{4}$,1975562
L''		4,6325684
$\zeta' L''$	—6,763	0,8301246
$\sigma L'''$	18,809	
$1000nT$	3703,577	3,5686214
$1000n$		2,5946347
T	9,h418607	0,9739867
ou	9h.25'.6'',98	
$1000nT$		3,5686214
$m+m_1$		$\bar{3}$,9658411
(L)	400664m00	5,6027803

DE DIJON A PARIS.

Termes de la formule.	Nombres.	Logarithmes.
m	0,0058990	
z	—0,0006118	
m_1	0.0033446	
$m-z+m_1$	0,0086318	$\bar{3}$,9361014
L		5,5417114
$L(m-z+m_1)$	3004,781	3,4778128
$\beta' L_1$	161,071	
$\gamma' S\mathbf{R}_x a'_x$	—73,394	
$S\zeta''_x a''_x$	381,760	
$\zeta'=0,0001576$		$\bar{4}$,1975562
L''		4,4391984
$\zeta' L''$	—4,333	0,6367546
$\sigma L'''$	14,146	
$1000nT$	3484,031	3,5420819
$1000n$		2,5946347
T	8h,860277	0.9474472
ou	8h51'37'',00	
$1000nT$		3,5420819
$m+m_1$		$\bar{3}$,9658411
(L)	376912m70	5,5762408
$S\mathbf{R}_x a'_x$		8,2826448
L'		5,1015375
($\mathbf{R}$)	1517,43	3,1811073

182. Comparaison des deux tracés.

TRACÉ PAR LA SEINE, L'YONNE ET L'ARMANÇON.		TRACÉ PAR LA BASSE SEINE ET LA HAUTE SEINE.		
De Paris à Dijon.	De Dijon à Paris.	De Paris à Dijon.	De Dijon à Paris.	
m. 353689, 48	m. 353689, 48	m. 348106, 01	m. 348106, 01	Longueur du parcours.
126606, 37	126606, 37	221766, 90	221766, 99	Longueur des parties rectilignes.
127083, 11	127083, 11	126339, 02	126339, 02	Longueur des parties curvilignes.
1	1	$1\frac{3}{4}$	$1\frac{3}{4}$	Rapport entre les premières et les secondes parties.
1191, 54	1191, 54	1517, 43	1517, 43	Rayon moyen.
+ 208, 84	— 208, 84	+ 212, 98	— 212, 98	Différence de niveau entre les points extrêmes.
+ 367, 45	+ 158, 61	+ 359, 87	+ 146, 89	*Idem* entre le point de départ et le point culminant.
— 158, 61	— 367, 45	— 146, 89	— 359, 87	*Idem* entre le point culminant et le point d'arrivée.
0	0	2716, 00	2716, 00	Longueur des souterrains.
9h. 29'. 42'',65	8h. 52'. 11'',86	9h. 25'. 6'',98	8h. 51'. 37'',00	Durée des parcours.
37, 249	39, 875	36, 959	39, 288	Vitesse moyenne en kilomètres par heure.
m. 403921, 20	m. 377324, 60	m. 400661, 00	m. 376912, 70	Longueur du chemin horizontal équivalent.

§ 8. *Des effets des rampes fortes sur les parcours partiels.*

183. Soit, pour abréger,

$$m\sqrt[4]{k} - (nk + pk^2 + \beta_1 k^3) = X,$$

l'équation de l'art. 151 deviendra

$$\zeta = \frac{X - (F + \gamma_1 k^2)\,kA_3}{(26000 + A_3)k},$$

et, sous cette forme, elle donnera le moyen de calculer aisément, pour une même valeur de A_3, et pour différentes valeurs successives de k, les valeurs correspondantes de ζ. Cette équation peut être considérée comme étant celle d'une surface dont les coordonnées rectangles sont k, ζ et A_3. Les deux premières k et ζ étant horizontales, la troisième A_3 sera verticale, et un plan horizontal quelconque coupera la surface suivant une courbe de niveau, dont les coordonnées k et ζ appartiendront à une même valeur de A_3.

La figure 52 présente la projection de plusieurs courbes de niveau sur le plan des k et ζ. La première, $A_3 = 0$ appartient au cas où la locomotive ne peut mettre en mouvement que son tender; la courbe $A_3 = 80000$ kilogrammes ou 80 tonneaux est celle de la fig. 40, dessinée sur des échelles différentes.

En suivant l'une des courbes, on aura, pour une même valeur de A_3, les valeurs correspondantes de k et de ζ; c'est-à-dire, les vitesses k que la locomotive peut prendre sur chacune des rampes ζ, lorsqu'elle remorque une charge brute A_3. En suivant une droite parallèle à l'axe des abscisses ou à l'axe des ordonnées, on aura, pour une rampe quelconque ζ, la charge brute A_3 que la locomotive peut remorquer à différentes vitesses k, ou, par une même vitesse k, les charges brutes A_3 qu'elle peut remorquer sur des rampes différentes ζ.

Ainsi, la charge brute de 90 tonneaux peut être traînée avec une vitesse de 19 à 20 kilomètres à l'heure sur une rampe de 0,010 ; avec une vitesse de 29 à 30 k.m. sur une rampe de 0,005 ; avec une vitesse de 34 k.m. sur une rampe de 0,0035.

Sur la rampe de 0,0035, la vitesse sera de 42 $\frac{1}{2}$ k.m. pour une charge brute de 50 tonneaux ; de 31 $\frac{1}{2}$ k.m. pour une charge de 100 ton. ; de 24 $\frac{1}{2}$ k.m. pour une charge de 150 ton.

La vitesse de la locomotive sera de 30 k.m. par heure avec une charge brute de 200 ton. sur une rampe de 0,00064 ; avec une charge brute de 100 ton. sur une rampe de 0,00402 ; avec une charge brute de 50 ton. sur une rampe de 0,00905.

184. Avec une vitesse $k = 12$ k.m. par heure, la locomotive remorquera une charge $A_3 = 350$ ton., sur une rampe de 0,0035 ; et $A_3 = 215$ ton. sur une rampe de 0,007. On voit donc que, dans les mêmes circonstances, la locomotive pourra traîner avec la même vitesse, sur une rampe de 0,0035, un poids une fois et demie plus grand que celui qu'elle peut remorquer sur une rampe dont l'inclinaison est deux fois plus grande ; et, réciproquement, le poids qu'elle remorquera sur une rampe de 0,007 sera les deux tiers de celui qu'elle peut traîner sur une rampe dont l'inclinaison est moitié moindre.

185. La ligne du Havre à Rouen a deux rampes, l'une de 0,008, en partant du Havre pour s'élever sur le plateau de la Normandie ; l'autre de 0,0033 entre la vallée de Bolbec et la ville d'Yvetot. La première exigera une machine de renfort ; la seconde est la rampe normale, c'est-à-dire, la rampe pour laquelle on déterminera la charge qu'une seule locomotive pourra traîner du Havre à Rouen. Sur cette rampe, la locomotive (*fig.* 52), avec une charge de 180 ton., aura une vitesse de 22 k.m. Pour conserver cette vitesse sur une rampe de 0,005, il faudra réduire la charge à 135 ton.

186. Les rampes des chemins de fer de la Belgique n'excèdent nulle part $\frac{1}{200} = 0,005$; néanmoins, telles qu'elles sont, elles

suffisent pour donner lieu à des effets qui permettent de juger de l'influence des rampes plus fortes (*).

Sur la rampe de 0,005 entre Tubise et Braine-le-Comte, ligne de Bruxelles à Mons, un convoi de 16 voitures s'est arrêté, sans pouvoir continuer sa route. Un autre convoi de 17 voitures s'est arrêté de la même manière. Dans ces deux exemples, le poids total était de 100 tonneaux, et le temps était mauvais.

Deux autres convois n'ont monté qu'avec beaucoup de peine par un mauvais temps : l'un était de 13 voitures et du poids de 90 ton. ; l'autre était de 11 voitures et de 80 ton.

La locomotive qui remorquait les voitures avait les dimensions suivantes : roues motrices, $2R = 5\frac{1}{2}$ pieds $= 2 \times 0^m,838$; cylindres, $2r = 12\frac{1}{2}$ pouces $= 2 \times 0^m,1587$. On peut supposer $A_1 + A_2 = 20000$ k.g.

Par un beau temps, lorsque rien ne s'oppose à la marche régulière des convois, on traîne au maximum, sur la rampe de 0,005, avec la même locomotive, un poids total de 75 ton., avec une vitesse de 30 k.m., et un poids total de 85 ton. avec une vitesse de 20 k.m.

Dans les expériences que nous venons de citer, la pression de la vapeur a toujours été de 60 livres par pouce carré, ou $\Psi = 42166,44 = 4,08 \times$ atmosphères.

187. Par un temps pluvieux, sur des rampes de 0,005 et même de 0,004, les plus fortes locomotives *patinent* assez souvent, c'est-à-dire, que les roues motrices de ces machines glissent sur les rails, de sorte qu'à chaque tour les essieux parcourent un espace plus petit que le développement des bandes.

(*) Cet article est extrait du compte rendu des opérations effectuées au 31 décembre 1841, pour la construction des chemins de fer de la Belgique, présenté aux Chambres législatives le 2 juin 1842, et imprimé à Bruxelles en 1842. Le chemin de fer de Liége à Verviers n'était pas encore terminé.

Sur la ligne de Leeds à Selby, en Angleterre, il y a des rampes de 0,0060 à 0,0073. Les machines de renfort sont nécessaires en hiver, en temps de neige et de verglas, ou pour de forts convois en temps de pluie. On jette quelquefois du sable sur les rails pour empêcher les roues motrices de glisser.

FIN.

PARIS. — IMPRIMERIE DE FAIN ET THUNOT,
Rue Racine, 28, près de l'Odéon.

www.ingramcontent.com/pod-product-compliance
Ingram Content Group UK Ltd.
Pitfield, Milton Keynes, MK11 3LW, UK
UKHW022111260726
13993UKWH00001B/439

9 782329 401393